瀧浪貞子
Sadako Takinami

桓武天皇

——決断する君主

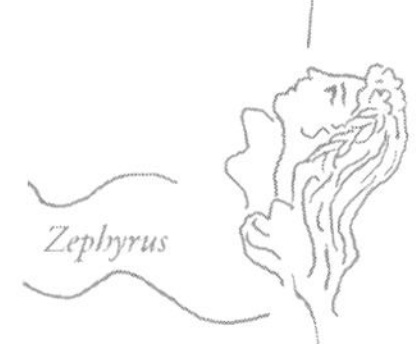

岩波新
1983

はじめに

いにしへの野なか古道あらためば　あらたまらむや野なか古道

（昔から続く野なかの古い道は、改めようと思っても簡単には改められるものではない

［それを私は改めて、新京を造ったのだ］）

『続日本紀』によれば延暦十四年（七九五）四月十一日のこと、桓武天皇は曲宴（臨時の宴会）を催し、自ら新京を讃美して古歌を詠んでいる。右の歌がそれである。新京とは、いうまでもなく平安京のことで、前年十月に長岡京から遷都していた。

桓武天皇は傍らに侍する尚侍（内侍司の長官）百済王明信に向かって、これに和する（これに応えた歌を作る）ようにと言った。明信は桓武が寵愛する女性である。しかし明信は応えられなかった。そこで桓武自身が次のように詠っている。

君こそは忘れたるらめにぎたまの　たわやめ我は常の白玉

（帝〈天皇〉は私のことを忘れてしまったかも知れませんが、私は忘れることはありませ

ん、白玉の光がいつまでも消えないのと同じように帝を）

新京遷都を実現した自負と誇り（前者）、そして明信に対する想いと感謝（後者）が凝縮されたこの応答歌に、侍臣たちは「万歳」を称したという。

この新京賛歌は、明信が応えられなかったために、いわば桓武の独り相撲に終わったが、政治的パフォーマンスを好んだ、いかにも桓武らしい演出である。

折に触れて桓武が公卿たちの前で演じたパフォーマンスの多くは、自身を理想的君主に仕立てるための演出だった。わたくしの見るところ、桓武はある時期から血統（皇統・血脈）でなく、政治力によって指導性・君主性を発揮し、自らの正統性を天下に訴えるようになる。新京を讃美した、いわば自画自賛の応答歌もその一つである。

そもそも山部王（親王）こと桓武天皇は光仁天皇の長子（第一皇子）ではあったが、生母高野新笠の家柄が低かったために、端から皇位継承の立場にはなかった。新笠の父方（和氏）は百済系の渡来氏族で、当時の社会では格下と見られていた。そればかりか、渡来系出自の皇族が即位した前例はなかったから、即位することなど、桓武自身でさえ考えもしなかったろう。そんな桓武が即位できたのは、光仁天皇の近臣であった藤原百川の陰謀と画策による。

もっとも即位後の桓武は出自に対するコンプレックスを抱いていたものの、自身が正統天皇であるとの自覚を持ち、疑うことはなかった。それは桓武の父、光仁天皇についても同様である。

光仁（白壁王）は天智天皇の孫であったが、父（桓武の祖父）の施基皇子（親王）が〝天武天皇の子〟として扱われたことから、即位以前から、自身も天武系に位置づけられた存在だった。聖武天皇の娘である井上内親王（母は県犬養広刀自）を娶っており、その井上を介して聖武（天武の曽孫）に連なっているとの認識が定着していたことも、確かである。光仁は、いわゆる擬制的血脈関係によって天武系天皇として擁立されたのであった。

その意味では桓武もまた、酒人内親王（光仁と井上との間の娘。聖武の孫）をキサキとすることで、聖武に連なっていた。しかも桓武の場合は、当初、和氏を称していた母の新笠が高野の氏名を賜姓されたことで、高野天皇こと称徳天皇（聖武天皇の娘）とも関係を結んでいたことになる。酒人との婚姻も、母の高野への改姓も、桓武の皇太子時代になされたもので、それが即位に向けての擬制的措置であったにせよ、桓武についても天武系天皇としての位置づけが定着していた。もっとも、こうした擬制的関係が社会においてどの程度の政治力を持つのか、はなはだ疑問だとする見方もあろうが、それは今日的な感覚であり、それでもって判断するのは理解を誤らせる。決して形式的なものではなく、当時の貴族社会においては明確に認知された親族意識であった。そんな桓武が、天武系天皇としての矜持を持って即位したのは当然である。

それだけではない、桓武が持った、自身が天武系天皇であるという皇統意識は終生変わることはなかった、と言えば、これまたおそらく頭ごなしに否定されるであろう。これまでは天智の曽孫である桓武の即位によって、皇統が天武系から天智系に切り替えられたとし、桓武を境に皇位継承のうえで大きな転換があったと理解されてきたからである。かくいうわたくしも例外ではなく、そのように考えてきた。ところが本書の執筆を進め分析を重ねていく中でわたくしが確信をしたのは、桓武に一貫しているのは自身が天武系皇統の天皇であり、その自覚を強く持って行動していた姿であった。

桓武天皇についてまとめてみたいと思ったきっかけは、『持統天皇』(中公新書、二〇一九年)を執筆したことにある。わたくしの歴史学研究は平安時代から始まり、その後奈良時代、そして飛鳥時代に遡った。『持統天皇』は、いわばその研究成果の集大成としたものだが、最後の総仕上げとして平安時代を見届けたいとの思いから、本書の執筆に入った。

しかし、飛鳥時代から平安時代を改めて俯瞰すると、見えてこなかったこと、見過ごしていたことの多さに気付かされた。その最たるものが、従来の桓武像を大きく転換させる、皇統に対する桓武の認識であった。皇統意識についてはこれまで、なんとなくしっくりしないものを感じながらも放置してきたが、本書を書き終えることで、ようやく桓武天皇の実像が明確になったと思う。

本書は、従来とまったく異なる桓武の実像を追求したつもりである。新たな桓武論、ひいては長岡京論、平安京論になれば、これに勝る喜びはない。

まもなく平安遷都から一二三〇年(長岡遷都から一二四〇年)を迎える。気の遠くなるような歳月だが、節目を前に本書をまとめることができる因縁をかみしめたいと思う。

執筆に際しては、岩波書店の杉田守康氏ならびに飯田建氏にお世話になった。とくに飯田氏からは構成や表記について貴重なアドバイスをいただいた。氏のご配慮と細やかなお心遣いに重ねて御礼を申し上げたい。タイトル『桓武天皇——決断する君主』は両氏のご提案である。わたくしが抱く桓武天皇像にピッタリの妙案だと感謝している。年譜・地図・系図などは、関西学院大学非常勤講師木本久子氏にお世話になった。いつものことながら、工夫に富み明瞭なものに仕上げていただいた。改めて感謝したい。

なお本文中の引用史料は、断らない限り『続日本紀』に収めるものである。また、「親王」「内親王」は律令(りつりょう)が整備された後の称号で、それ以前は「皇子」「皇女」と称されている。本書ではそうした呼称を厳密には区別せず、当時の慣例に従って併用している。

令和五年六月

瀧浪貞子

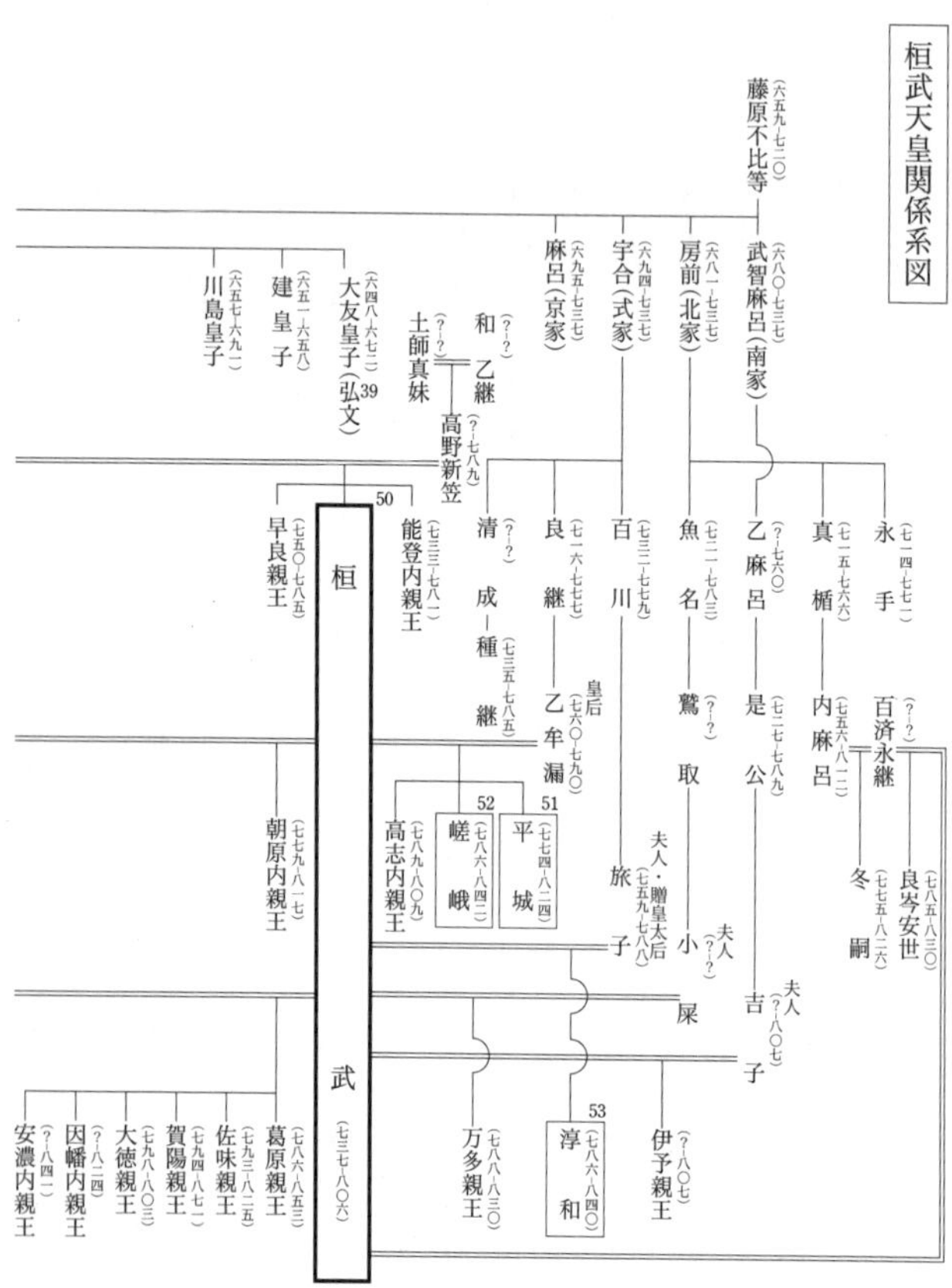
桓武天皇関係系図
藤原不比等(六五九-七二〇)
武智麻呂(南家)(六八〇-七三七)
房前(北家)(六八一-七三七)
宇合(式家)(六九四-七三七)
麻呂(京家)(六九五-七三七)
大友皇子(弘文)39(六四八-六七二)
建皇子(六五一-六五八)
川島皇子(六五七-六九一)
和乙継(?-?)
土師真妹(?-?)
高野新笠(?-七八九)
永手(七一四-七七一)
真楯(七一五-七六六)
乙麻呂(?-七六〇)
魚名(七二一-七八三)
百川(七三二-七七九)
良継(七一六-七七七)
清成(?-?)
種継(七三七-七八五)
能登内親王(七三三-七八一)
50
桓武(七三七-八〇六)
早良親王(七五〇-七八五)
百済永継(?-?)
内麻呂(七五六-八一二)
是公(七二七-七八九)
鷲取(?-?)
皇后
乙牟漏(七六〇-七九〇)
良岑安世(七八五-八三〇)
冬嗣(七七五-八二六)
夫人
吉子(?-八〇七)
夫人
小屎(?-?)
夫人・贈皇太后
旅子(七五九-七八八)
51
平城(七七四-八二四)
52
嵯峨(七八六-八四二)
高志内親王(七八九-八〇九)
朝原内親王(七七九-八一七)
伊予親王(?-八〇七)
53
淳和(七八六-八四〇)
万多親王(七八八-八三〇)
葛原親王(七八六-八五三)
佐味親王(七九三-八二五)
賀陽親王(七九四-八七一)
大徳親王(七九八-八〇三)
因幡内親王(?-八二四)
安濃内親王(?-八四一)

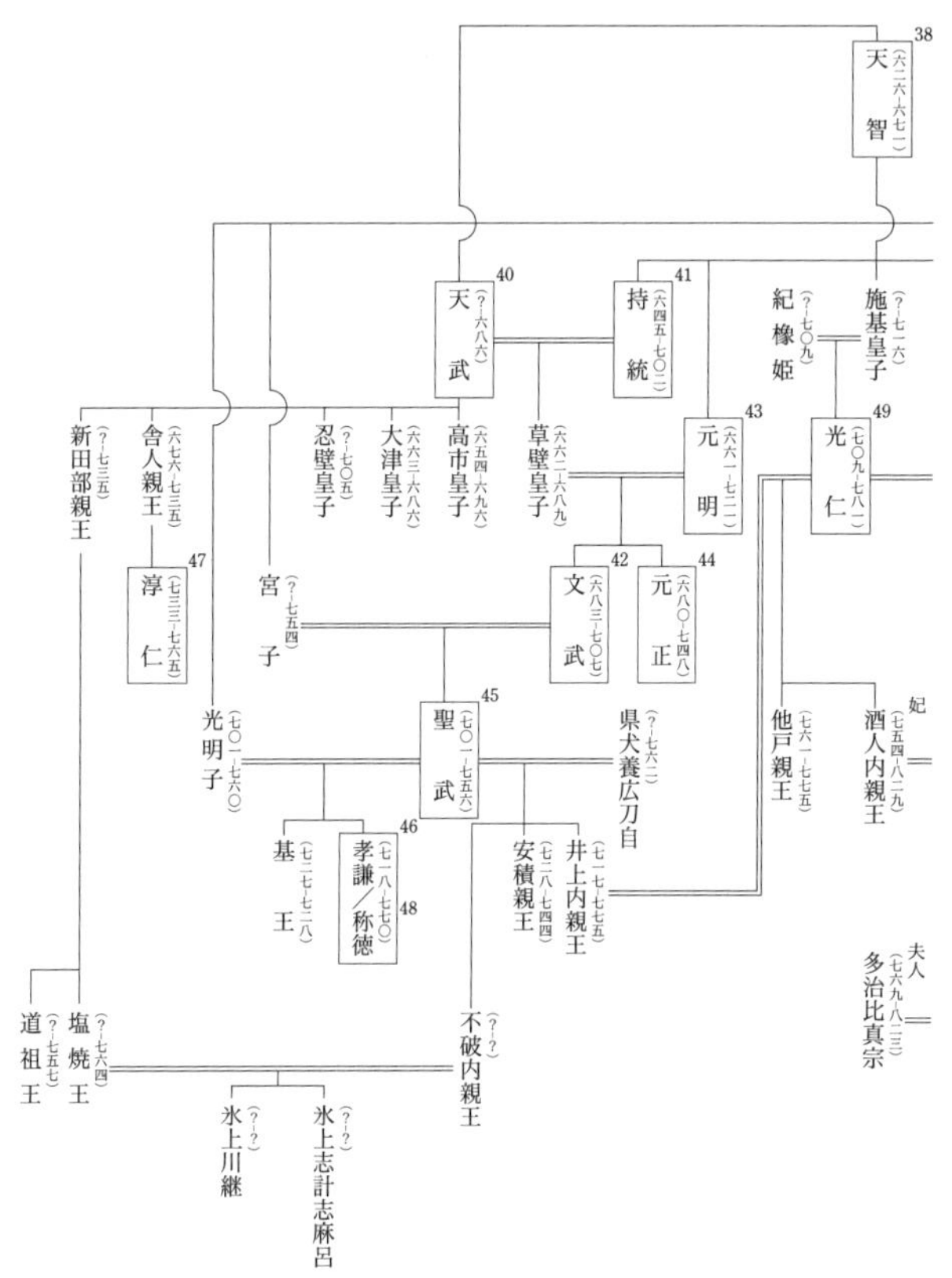

- (　)内の数字は生没年．
- 天皇は□で囲み，右上に代数を付した．
- 桓武天皇のすべてのキサキと皇子女については，表「桓武天皇のキサキと皇子女」(194-195頁)を参照のこと．
- 光仁天皇のすべてのキサキと皇子女については，系図「白壁王(光仁天皇)のキサキと子女」(22頁)を参照のこと．

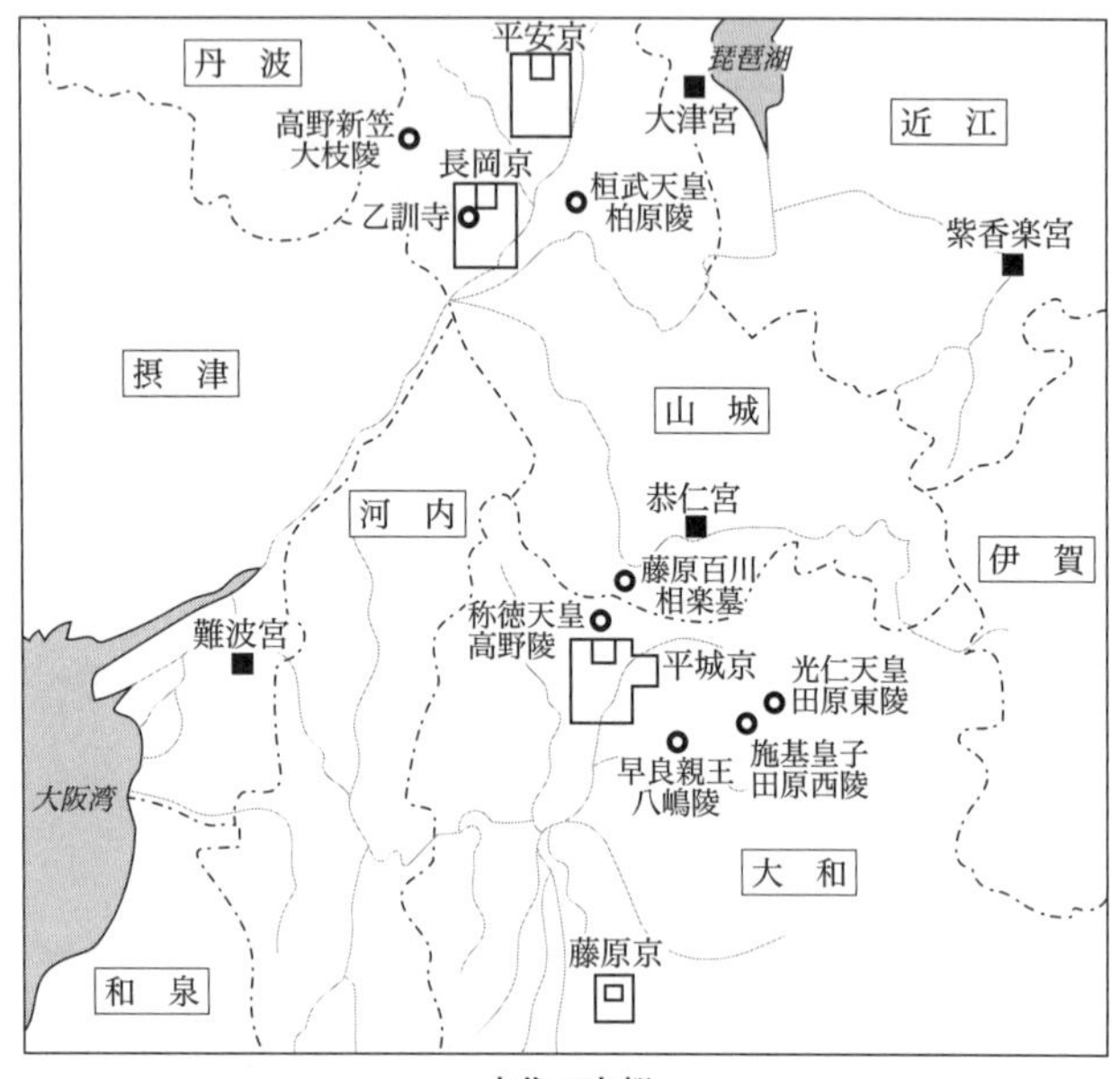
平安京
丹　波
琵琶湖
大津宮
近　江
高野新笠
大枝陵
長岡京
桓武天皇
柏原陵
乙訓寺
紫香楽宮
摂　津
山　城
恭仁宮
河　内
伊　賀
藤原百川
相楽墓
称徳天皇
高野陵
難波宮
平城京
光仁天皇
田原東陵
施基皇子
田原西陵
早良親王
八嶋陵
大阪湾
大　和
藤原京
和　泉
古代の宮都

目　次

第一章　ルーツ――白壁王の長男

一　祖父は天武天皇の〝子〟になった

山部王の誕生

桓武天皇は白壁王（光仁天皇）の第一皇子（長男）で、生まれたのは天平九年（七三七）である。時に父の白壁王は二十九歳であった。母は高野新笠、年齢は分からない。

天平九年といえば、政界地図が一変した時である。九州から飛び火した疫病が平城京でも大流行し、多数の死者が出て人びとを震撼させた。そのなかには藤原不比等の四人の息子（武智麻呂・房前・宇合・麻呂）、いわゆる藤原四兄弟（四子）もいた。数ヵ月の間に兄弟四人すべてが命を奪われている。代わって主導権を握ったのが橘諸兄で、不比等以来の藤原体制は一挙に崩壊してしまった。時の天皇聖武が自らの徳のなさに衝撃を受け、大倭国の表記が「大養徳国」（読みは「やまとのくに」。大いに〈天子としての〉徳を養うとの意）に改められたのは、この時である。社会情勢が激変したそんな年に桓武が生まれたというのも、激動の生涯を象徴しているように思われる。

ちなみに天平九年は干支でいえば丁丑、すなわち桓武は丑年生まれである。桓武が牛の動静に神経質なまでに拘るのはそのためで、台風で牛が建物の下敷きになって死んだと聞き、自分の運命ももはやこれまでと慨歎したというエピソードは、よく知られている。素早い決断と行動力を持つイメージからは想像もつかないが、これもまた桓武の実像であった。こうしたことは、追々明らかになるであろう。

桓武天皇は幼名を山部王といった。当時、皇子女の名前は乳母の氏名をとって命名されることが慣例となっており、桓武の場合も、乳母である山部子虫にちなんで名付けられたものという（村尾次郎『桓武天皇』）。ただし、生まれた場所は明らかでない。山背国（山城国）で誕生したという説もあるが、確証があるわけではない。

それはさておき、桓武の父、白壁王は天智天皇の子、施基皇子（親王）の息子である。すなわち白壁王は天智の孫、桓武は天智の曽孫として誕生したことになる。ただし天智は白壁王が誕生する三十八年も前に亡くなっていたから、白壁王・桓武の父子にとって、すでに幻のような存在となっていた。

そもそも光仁・桓武の父子は皇位継承者という立場になかった。六七二年、いわゆる壬申の乱に勝利して即位した天武天皇以降は、天武天皇の血脈（具体的には天武の嫡子、草壁皇子の子孫）が正統な皇位継承者とされてきたからである。天智の血を承ける二人は皇位継承者の圏外にあった。その光仁・桓武の父子の即位を可能にしたのは、父であり祖父であった施基皇子の立場であり、その境涯にあったと、わたくしは考えている。

そこで、桓武天皇の生涯を考察するにあたり、まずこの施基皇子について述べることから始めたい。

六人の〝兄弟〟

桓武天皇の祖父、施基（志紀・芝基・志貴とも）皇子は天智天皇の第七皇子である（『続日本紀』。なお『類従三代格』宝亀三年〈七七二〉五月八日勅では第三子とする）。母は越道君伊羅都売、すなわち越前国の豪族の娘であった。皇子の生年は明らかでない。

その名が史料に見えるのは天武八年（六七九）五月、天武天皇が皇后の鸕野（のちの持統天皇）らを伴って吉野宮に行幸した時に随従したのが最初である。壬申の乱から七年後のことである。『日本書紀』によれば、この行幸には六人（草壁・大津・高市・川島〈川嶋とも〉・忍壁〈刑部とも〉・施基）の皇子が同道している。施基はそのなかの一人だった。翌日（五月六日）、天武は「千年の後まで争い事がないようにお前たちと盟約を結びたいと思うが、どうか」と言い、これに対して皇子たちは「ごもっともなことです」と答えている。そこで天武は、「朕が男等、各異腹にして生まれたり。然れども今、一母同産の如くに慈まん（わが子どもたちはそれぞれに異なった母から生まれたが、これからは同母兄弟のように慈しもう）」と言い、胸元を開いて六人の皇子を抱きしめた。そして、もし私がこの盟約に背いたならば、即座にわが身は滅びるであろうと誓い、ついで皇后鸕野もまた同じように誓約している。

六人のうち、草壁・大津・高市・忍壁の四人が天武の皇子、川島・施基の二人は天智天皇の子どもであり、しかも六皇子はそれぞれ母が異なる兄弟、従兄弟の関係にあった。それをすべて天武と皇后鸕野の子であると断言し、誓約したのである。

これが「吉野の盟約」と称されるものである。盟約に天武天皇の諸皇子のうち四人だけを従えたのは、残りの皇子たちが幼かったからである。また天智の皇子（四人）のうち、当時存命していたのは二人で、その二皇子を随従したのであるが、わたくしが留意したいのは、盟約にこの天智の皇子二人が加えられていることである。しかも天武は、自分の皇子（具体的には天武と鸕野との間に生まれた皇子）として扱おうとまで誓言している。これは尋常な振る舞いとは思えない。理由があったはずである。盟約は天武自身の正統性を明確にし、そのうえで彼らの承認を得るための儀式でもあったからである。

大海人皇子こと天武は、かつて出家し吉野に隠棲した。俗世間を捨て、皇位継承者の資格を放棄した身であるにもかかわらず、壬申の乱によって天智の子大友皇子を倒し、即位した。皇位継承についていえば、当時は兄弟間で継承されるのが慣例であった。大友皇子が倒されてもその後は、大友の兄弟である川島・施基らが継承者の立場にあったはずだ。にもかかわらず俗世間を捨てた者が武力で封殺し皇位を簒奪した、それが天武であった。だから天武の正統性は、皇位継承資格を持った天智の皇子たちの承認を得て、初めて成り立つものだった。天武は彼らを自分の皇子として扱うことと引き替えに、自身の正統性を認めさせ、それを確約させたのである。

こうして形式的にせよ、川島と施基の二人は天武天皇の〝皇子〟となった。そして、この事実が、施基皇子とくに光仁・桓武父子の生涯を決定づけることになる。ただし、これは桓武が生まれる半世紀以上も前の出来事である。

〝父〟天武への思い

それはさておき、壬申の乱を生き延びた川島と施基の二人の皇子は、乱後、天武のもとで生活をしたと考えてよい。近江(おうみ)朝廷の廃絶後、大津宮に残っていたとは思えない。天武(と鸕野)に引き連れられて飛鳥(あすか)に移ったのであろう。

吉野の盟約が行われたのは乱から七年経ってのこと、二人にとって天武・鸕野らとの生活もそれなりに落ち着きを取り戻していた時期だったと思われる。川島皇子は二十三歳になっていた。施基皇子の年齢は分からないが、十歳前後であったろうか。

それにしても、天武から自分の子として扱うといって抱きしめられた二人の皇子であるが、胸中は複雑であったに違いない。異母兄大友皇子(当時二十五歳)は天武と戦って敗れた。兄を倒したその天武が、いま自分たちの〝父〟になるという。すでに七年の歳月が経過し、乱の記憶も風化しつつあったとはいえ、盟約の瞬間、凄まじい情景が生々しく彼らの脳裏に甦ったのではなかろうか。

壬申の乱時における二人の行動を知りたいと思うが、まったく分からない。近江朝廷を指揮した大友皇子の様子は『日本書紀』に詳しく記されている。しかし、川島・施基の二皇子については一切記載がない。当時十六歳だった川島は大友に従って各地での戦闘に従軍したと思われるが、むろんその記録もない。二、三歳の施基は乳母に抱かれて逃げ惑ったのであろうか、生き延びることができたのは奇跡であったのかも知れない。

ちなみにこの二人の皇子については、天武の娘である泊瀬部(はつせべ)皇女と託基(たき)(多貴)皇女(母はともに宍人臣檄媛(ししひとのおみかじひめ))の姉妹が、それぞれのキサキとなっている。年齢からいって、施基が結婚するのはもっと後のことであるが、川島皇子はすでにこの時娶(めと)っていた可能性もある。明らかに政略結婚であり、勧めたのは天武に違いない。

繰り返して言うが、吉野隠棲以来の天武の行動は端的にいって簒奪である。そのことは紛れもない事実であった。決して口には出さないが、誰もが承知していたことである。そうした想いを人一倍強く抱いていたのが二人の皇子たちであり、それが簡単に消え去ったとは思えない。心底に沈潜していたはずである。天武自身もそのことは当然、見抜いていたろう。娘を娶(めあ)わせ、自分の子として扱うという天武自身の誓約は、彼らに対する贖罪でもあったはずで、誓約を違えば自身も、また鸕野も破滅すると皇子たちに誓った天武の言葉を聞いて、彼ら二人のわだかまりもようやく解けたのではなかろうか。

吉野から帰って四日後(五月十日)、六人の皇子たちは揃って天武天皇に拝謁している。むろん川島・施基の二人も、他の皇子と同様、新たな〝父〟天武と対面したに違いない。擬制的ではあるが、六人の皇子たちが〝天武の血脈〟に連なった瞬間である。ただし、その中にあって施基だけは釈然としないモヤモヤとした気分に包まれていたのではないか。〝父〟として天武を素直に受け入れることができなかったように、わたくしには思われる。

施基皇子の謎

というのも、その後の施基皇子と天武との関係において、不可解なことが少なくないからである。

たとえば天武十四年(六八五)正月のこと、新しい位階の制(皇族は十二階、諸臣は四十八階)が定められた。この時の位階制が注目されるのは、それまで位階を持たなかった皇族(親王・諸王)に対して初めて位階を与えたこと、皇族(明位などに大・広を置いて十二階)と臣下(正位などに大・広を置いて四十八階)との位階を区別したこと、である。位階の上で皇族が別格扱いされたとはいえ、これによって政務に携わる皇族以下諸臣すべてが、位階によって序列化されることになった。位階を持たないのは天皇だけになる。

当日、ただちに草壁皇子をはじめ、盟約に従った皇子たちが叙位され、諸王・諸臣に対しても新位階が与えられている。すなわち草壁が浄広壱（のちの正四位下）、大津が浄大弐（のちの従四位上）、高市が浄広弐（のちの従四位下）、川島と忍壁が浄大参（のちの正五位上）で、それぞれの間に序列化がなされている。

不可解というのは、この日の叙位において施基皇子の名が見えないことである。盟約を結んだ六皇子のうち、施基だけが叙位された形跡はない。これは、どういうことなのか。天武の〝子〟とされたはずの施基皇子の立場をどのように理解すればいいのか、誰しも疑問を抱くであろう。

そういえばこれ以前、諸皇子たちは、たとえば高僧が没した折の弔問（天武九年〈六八〇〉七月二十日）や官人の病気見舞い（同年七月二十五日）などに使者としてそれぞれ派遣されている。また川島・忍壁の二皇子は、「帝紀及び上古の諸事」の編纂を命じられている。しかし施基皇子には天武からそうした任務を与えられた事実もなければ、携わった形跡もない。そうした実績のないことが叙位に与らなかった理由であるとしか考えられないが、その原因がまったく分からない。天武との間に、何があったのか。

〝六皇子〟の絆

施基の立場を考えるうえで手がかりとなりそうなのが、翌年、天武の病気平癒の祈願に際してその名が見えることである。

『日本書紀』によれば朱鳥元年（六八六）八月、施基皇子は天武の皇子磯城（施基皇子とは別人）とともに封二〇〇戸が加増されている。二日前（八月十三日）に皇太子草壁・大津・高市に対してそれぞれ封四〇〇戸、川島・忍壁らにも一〇〇戸が加増されており、施基ら二人の皇子への加増は、それと一連のものであった。天武は一年ほど前に発病し、一時期回復したものの、この年五月、ふたたび病の床についており、この度の増封は、いずれも天武の病気平癒誓願に伴う措置であった。

天武は前月（七月）、万が一の事態を予測して、群臣たちに、「天下の事は大小を問わず、すべて皇后と皇太子に申せ」と命じ、皇后鸕野と皇太子草壁皇子に政務の全権を委ねていた。死期の近いことを悟っていたのであろう。それから五日後、「朱鳥」と改元され、宮殿は飛鳥浄御原宮と命名されている（七月二十日）。改元も宮名の制定も、天武の病気平癒を願う鸕野の一途な想いからなされたものである。しかし、天武の容体は回復の兆しがなかったのか、その後も観世音菩薩像が造られ、僧尼の得度、観世音経の読経、天神地祇への祈請、寺院への封戸の賜与など次々と平癒を願っての措置が施されている。諸皇子への増封も、その一つであった。

わたくしがこの時の増封に注目するのは、それが草壁以下〝天武の子〟六人の皇子に対してなされているからで、六皇子全員を対象とするのは、「盟約」以来はじめてであった。つねに施基皇子だけが除外されていたのである。

そうしたことから判断すると、施基皇子がこの時はじめて加増の対象者とされたのは、鸕野の意に出るものとしか考えられない。察するところ、鸕野は「盟約」の折に誓い合った六皇子の固い絆とその結束力でもって、天武の回復を祈願したのではなかろうか。逆にいえば、それだけ天武の病は重かったということである。また、それまで政務と関わりを持たなかった施基皇子に対してまで加増されたのは、鸕野にとって「盟約」がそれほど重い意味を持つものであったことを示している。

しかし、鸕野の願いも空しく翌月（九月）、天武は亡くなった。

撰善言司

施基皇子についていえば、天武没後の持統三年（六八九）六月、鸕野から撰善言司（よきことえらぶつかさ）に任じられている。「善言」（古今の典籍や先人の教訓などから理にかなった言葉）を集積した書を編纂するための役所ともいわれている。鸕野が愛息草壁皇子（この年四月に没）を失って二ヵ月後だったことから判断すると、草壁の一粒種、鸕野にとっては孫にあたる珂瑠（かる）皇子（軽皇子とも。のちの文武（もんむ）天皇）の教育のために設置を命じたと考えられるかも知れない。具体的なことなど一切分からないが、確かなのはこの書が完成することはなかったという事実である。

なお、この時撰善言司に選ばれたのは施基を含めて七人である。いずれも知識人・文化人であった。そのうちの一人、たとえば勤広肆（ごんこうし）伊余部連馬飼（いよべのむらじうまかい）は漢詩や物語の制作に精通していたようで、『懐風藻（かいふうそう）』に漢詩が収められている。また『大宝令（たいほうりょう）』の編纂にも携わっており、それは勤広肆調忌寸老人についても同様で、のち、それらの功によって共に褒賞されている。務大参巨勢朝臣多益須なども『懐風藻』に五言詩が採録されている。施基皇子はそうしたメンバーの一人として選ばれたのであった。

施基に文化的素養のあったことが天武との間をギクシャクさせた原因だったとは思えないが、察するところ、施基は人一倍感受性が強かったのではないか。盟約時、十歳前後の少年であったことを考えると、〝父〟となった天武の胸に素直に飛び込んでいくことができなかったように思われる。その点、異母兄の川島皇子とは対照的である。二十三歳になっていた川島は、天武による歴史書編纂の事業を命じられ、草壁・大津・高市に次ぐ位階に叙せられている。凄惨を極めたであろう壬申の乱を体験し、天武に対して施基以上に敵愾心を持っていたはずだが、その心を押し殺し、保身のための打算を働かせていたことは十分に考えられよう。しかし、わずか十歳前後の施基にはそうしたわだかまりを払拭できる心の余裕も、技量もなかったに違いない。それを察した天武も、自ずから施基を遠ざけるようになったというのが、わたくしの考えである。そしてそのことが、やがて施基を文学や学問に向かわせる要因となったであろうことは、容易に想像がつく。

鸕野が〝天武の子〟となった施基皇子の立場を重視し、その文学的才能を見出したことは大事である。当時、施基は位階を持っておらず、撰善言司のメンバーでは唯一人の皇親で、『万葉集』に作歌六首が伝えられる文化人でもあった。撰善言司への任命も施基の教養を見込み、珂瑠の教育を託してのことであったろう。じじつ、施基はその後珂瑠と絆を結んでいる。

「盟約」の生き証人

もっとも、その後の持統朝において施基が政務に関わったかどうかは、これまた分からない。朝廷との関わりが明確になるのは文武朝からである。すなわち大宝三年（七〇三）九月、持統太上天皇（同年正月没）の葬儀において造御竈長官に任じられている。持統は遺言によって火葬された。天皇を火葬する初例であるが、施基皇子はその火葬設備の造営担当の責任者とされたのである（造御竈司の任命はこの時が初例である）。なおこの時、「四品」と見えるから、施基はこれ以前に、四品の位階が与えられていた。

その後、文武朝のこととして慶雲元年（七〇四）正月、施基は五人の諸皇子（長・舎人・穂積・忍壁・新田部）らとともに増封されているが、わたくしの見るところ、この時の封戸の賜与もまた重要な意味を持つ。

この日賜与された施基を除く皇子五人は、いずれもこの時点で存命していた天武の子である。文武にとっては亡き父草壁の兄弟たちである。施基がその一人に加えられ増封されているのは、天武の〝子〟だったからで、盟約から四半世紀が経ち、その立場も〝天武の皇子〟としてふさわしいものとなっていたように思われる。

ちなみに、彼らのうち「盟約」に参加したのは忍壁（天武の子）と施基（天智の子）の二人だけであったから（他の四人の皇子、草壁・大津・高市・川島らはすでに亡くなっていた）、〝天武の皇子〟のなかでもこの二人には、格別の重みが増していたに違いない。ただし、右の諸皇子のなかで施基の位階が最下位であることから判断すると、文武朝においてもさしたる治績がなかったものと考えられる。けだし施基皇子には政治的野心もなければ関心も薄かったのであろう。その分、文学に自身の才能を開花させていったようである。

それから二年後（慶雲三年〈七〇六〉九月）、文武が難波宮に行幸した際、施基は先の長親王とともに供奉し、歌を残している（『万葉集』巻一―六四）。また翌年六月文武が没した時には殯宮の供奉を命じられている。文武天皇との関係は先に述べたように、持統が珂瑠の教育係として施基を抜擢したことに始まるが、二人の絆は終生続いていたのである。

本人の気持ちとは裏腹に、施基にとって〝天武の皇子〟としての重み、とくに「盟約」の参加者としての立場は、年齢とともに増していった。とりわけ忍壁皇子が亡くなり（慶雲二年〈七〇五〉）、施基が「盟約」を知る最後の一人、いわば「盟約の生き証人」になって以後、宮廷社会において無視できない存在になっていたことは間違いない。

たとえば元明天皇が即位した翌年、和銅元年（七〇八）正月、三品が与えられ、次いで元正天皇が即位した翌年、霊亀二年（七一六）正月には二品に昇叙されている。この間、封二〇〇戸が加増されるということもあった（和銅七年〈七一四〉正月）。元明・元正の母娘の二女帝は、亡き文武天皇の嫡子、首皇子（のちの聖武天皇）の即位を実現するために皇位についた中継ぎ天皇である。当時は天武（草壁系）の血脈を承けた皇子こそが正統天皇であると強調されていた。天武―草壁―文武―聖武への皇位継承がそれであり、元明・元正の二女帝はその実現のために即位したのであった。そうした認識の女帝社会において、唯一盟約に参加し、〝天武の皇子〟となった施基の存在が重みを増し、恭敬されていったことは間違いない。施基に対する元明・元正時代の扱いは、そのことを端的に示している。格別の功績や実績があったというわけではないが、施基の生涯においてもっとも脚光をあびた時代であったといえよう。そうした中で施基自身も、ようやく〝天武の皇子〟としての自覚が生まれたに違いない。

繰り返して言うが、すべては「盟約」の遺産であった。光仁・桓武の父子の即位は、この遺産のうえに実現したものであることを確認し、記憶しておきたい。

天武系皇子の意識

施基皇子が亡くなったのは霊亀二年（七一六）八月（『続日本紀』）、時に二品であった。『万葉集』には、その死を悼む笠金村らの歌（巻二―二三〇～二三四）が収められており、葬列の様子や居住地辺りの風景を推測させるが、これについては後に触れることにしたい。桓武の父白壁王はこの時、わずか八歳であった。むろん桓武は生まれていない。

施基の生涯をたどると政治的な活躍、動きはほとんどないといってよい。むしろ歌人として生きたと見るべきであろう。『万葉集』に収められている中（六首）で、もっとも知られているのが藤原京遷都の時に詠んだという次の歌（巻一―五一）である。

采女の　袖吹き返す　明日香風　京を遠み　いたづらに吹く

（采女たちの袖を吹き返していた明日香の風も、都が遠のいたのでむなしく吹いていることだなあ）

長い間ミヤコであった飛鳥への哀惜の念が痛いほどに伝わってくる。多くの貴族たちと同様、施基もまた二度と飛鳥に戻ることはなかったろう。

そして大事なのは、施基の抱いた〝天武の皇子〟であるとの自覚と立場が子の光仁、ひいては孫の桓武の生涯を大きく変える要因となったことである。

二　父と母

施基皇子の後継者

桓武の祖父、施基皇子（親王）は吉野の盟約によって〝天武の皇子〟となった。そのことが施基の子である白壁王の生涯に影響を与えなかったはずはない。端的に言えば、桓武の父白壁王が擁立されたのも〝天武の皇子〟である施基の子、すなわち天武の〝孫〟だったからである。

施基皇子には、史料で確認される子女として四男一女がいた。春日王・湯原王・榎井王・白壁王、そして海上女王である。ただし白壁王について『続日本紀』は、「志貴親王の第六子」(光仁天皇即位前紀)と記しているから、他に少なくとももう一人子どもがいたことになるが、具体的には分からない。

白壁王が誕生したのは和銅二年(七〇九)、元明女帝の時代で、母は紀諸人の娘、橡姫である。紀氏といえば、古くから大伴・佐伯と並び武門の家としてヤマト政権に仕えた伝統的氏族であった。もっとも、元明朝では往年の勢力は比すべくもなかったが、それでも政界における立場はそれなりに保持していた。とはいえ、後継者としては生母の格付け、そして年齢の上でも天武の娘、託基皇女を母とする春日王が優位にあった。それに、後見者である父施基が亡くなった時、白壁王は八歳だったから、政界における将来の見通しは明るいものでなかった。ただし白壁王の叙位・任官をみると、他の王族に比して決して劣っているとは思わない。

白壁王が無位から従四位下に叙されたのは天平九年(七三七)、二十九歳の時である。二世王(親王の子)の蔭位による直叙(順序を践まずにその位階を与えること)であった。もっとも、それを遅すぎる処遇(令制において、蔭位は二十一歳になると適用される)とみて、後見者である父を失い、しかも天智系(天智天皇の孫)だったことによる遅れとの見方が強い。しかし、天武天皇の二世王である長屋王が蔭位を受けたのも二十九歳であった(ただし無位から正四位上への昇叙で、一般の二世王の蔭位より三階も高い)ことを考えると、遅すぎるともいえないであろう。

長男の山部王が生まれたのは、その年であった。平城京で疫病が蔓延し藤原不比等の四人の息子（藤原四子）も全員が亡くなったことについては前述した。白壁王が初めて直叙を受けたのは、四兄弟の最後の一人（藤原宇合）が亡くなった翌月（九月）である。疫病の流行によって社会的不安が増大するなか蔭位を受け、また長男も誕生した。白壁王にとって希望の光が見え始めた時期だったというのは、歴史の皮肉であろう。

越道君伊羅都売
天智天皇
穴人臣檝媛
天武天皇
大友皇子
川島皇子
泊瀬部皇女
磯城皇子
忍壁皇子
高市皇子
草壁皇子
大津皇子
紀橡姫
施基皇子
託基皇女
湯原王
榎井王
海上女王
春日王
尾張女王
壱志濃王
神王
安貴王
紀小鹿
白壁王（光仁）
稗田親王
早良親王
山部親王（桓武）
能登内親王
市原王
五百井女王
五百枝王

太字は「吉野の盟約」に参加した皇子

施基皇子の関係系図

その後白壁王は天平十八年（従四位上、三十八歳）、天平宝字元年（正四位下、四十九歳）、同二年（正四位上、五十歳）、同三年（従三位、五十一歳）に叙されている。二世王としては順調な昇進といってよい。ちなみに兄の春日王は天平十七年（七四五）に没している（時に散位、正四位上）。湯原王・榎井王ら二人の兄も、その前後に亡くなったと思われ（西本昌弘『早良親王』）、天平年代の半ば、施基皇子の息子は白壁王ただ一人になっていたようだ。兄たちの早世が、第六子であったにもかかわらず、白壁王を施基皇子の継承者に仕立てていったことは間違いない。

抜擢

白壁王の位階について留意されるのは天平宝字元年（七五七）以降、矢継ぎ早に昇叙されていることである。天平宝字元年といえば、大炊王（のちの淳仁天皇）が立太子され、藤原仲麻呂（恵美押勝）の野望が表面化しはじめた時である。

すなわちこの年四月、大炊王が立太子された。舎人親王（天武天皇の皇子）の子で、これより先、仲麻呂は大炊王に、亡くなった実子（真依）の妻（粟田諸姉）を娶らせ養父となっていた。そして翌五月、仲麻呂は紫微内相に就任して軍事権を全面的に掌握したのである。従四位上であった白壁王が正四位下に昇叙されたのは、まさに仲麻呂が紫微内相に就任したその日だった。これを皮切りに翌二年八月、大炊王が即位（淳仁天皇）した日、正四位上に、さらに同三年六月、従三位に叙されている。わずか二年で二階級も昇叙されているのは尋常ではない。仲麻呂の引き立てによることは明白であろう。

仲麻呂が白壁王に目をつけた理由は、何か。一つは、これ以前、白壁王が聖武天皇の娘である井上内親王をキサキに迎えていたことである。孝謙太上天皇の異母姉であるから、婚姻によって白壁王は孝謙の義兄となり孝謙に連なったのである。二つは、王が〝天武の皇子〟となった施基親王（皇子）の子であること、すなわち擬制的にせよ白壁王は天武の〝孫〟として扱われ、天武系王族との認識がすでに定着していたからである。そのことを端的に示すのが、淳仁が即位した翌年、天平宝字三年六月の叙位である。

この日、淳仁は父の舎人親王に崇道尽敬皇帝の諡号を贈って天皇として遇することを表明し、そのあと淳仁の兄弟や舎人の孫たちなど親族が叙位されている。白壁王が昇叙されたのもその日のことで、明らかに、舎人や淳仁の親族としての扱いを受けている。天武の〝孫〟である白壁王は、淳仁とは従兄弟の間柄にあったのだ。

不思議なことであるが、施基親王が〝天武の皇子〟として扱われ、その子白壁王も天武系王族として認識されてきた事実を、これまで誰も気づきはしなかった。白壁王ならびにその子山部（のちの桓武天皇）の生涯にとってこれほど重大な意味を持つことはないが、ここではそれを指摘するに留めておこう。

仲麻呂による白壁王の抜擢は、その後も続く。天平宝字四年（七六〇）六月、光明皇太后が没した時、池田王（天武天皇の孫。淳仁天皇の兄）や文室智努（天武天皇の孫。長親王の子）・氷上塩焼

（天武天皇の孫。新田部親王の子）らとともに山作司（陵墓の造営を担当）に任じられ、葬儀に従事している。同六年には氷上塩焼と一緒に中納言に任命された。

ちなみに父白壁王が抜擢を受けた天平宝字年間、山部王はすでに二十歳を越えていたが（天平宝字元年に二十一歳）無位であり、政界への登場はまだ果たせていない。

仲麻呂追討軍に参加

さて、その仲麻呂は案の定、池田王や船王（舎人親王の子。淳仁天皇の兄）らと謀反の準備を進めていた（天平宝字八年〈七六四〉十月九日条）。光明皇太后が亡くなって以後、道鏡に心酔した孝謙が淳仁天皇に対して、「常の祀り小けき事は、今の帝（淳仁）行い給え。国家の大事、賞罰二つの柄は朕（孝謙）行わん」（天平宝字六年〈七六二〉六月三日条）、と自身が政治の主導権を握ることを宣言したからである。孝謙は淳仁の皇権を奪い、仲麻呂を掣肘しようと動き出したのである。

仲麻呂は皇権を奪還すべくクーデターを起こそうとしていたが、密告によって計画が漏れた。その後の孝謙側の行動は迅速で仲麻呂側はすべて先手を打たれ、態勢を立て直すため越前に向かった仲麻呂だったが、ついに琵琶湖（近江国）上で捕らえられ首を刎ねられた。仲麻呂の乱の顛末である。その結果主導権を取り戻した孝謙は、淳仁天皇を淡路島に配流した。仲麻呂が敗死して一ヵ月後の十月のことで、『続日本紀』によれば、あまりの急に、淳仁は身支度もととのわないまま母とともに配所へ護送されたという。

乱において、わたくしが留意したいのは、白壁王の行動である。すなわち孝謙が仲麻呂追討軍を派遣した翌日、天平宝字八年九月十二日、白壁王が正三位に昇叙され、乱が終決した翌年（天平神護元年〈七六五〉）正月、藤原永手や吉備真備らとともに勲二等を授けられているからである。勲位（勲等）が武功をあげた者に与えられる位階であることを考えると、白壁王が追討軍に参加し誅滅に功績のあったことは間違いない。

白壁王が仲麻呂追討に際して、具体的にどのような働きをしたのか、知りたいところであるが、分からない。白壁王と同日に同じく勲二等を授けられた和気王（兵部卿）と山村王（左兵衛督）は、淳仁の廃位に際して兵を率いてその居所（中宮院）を取り囲み、身柄を拘束している。同じく勲二等を授けられた吉備真備は、いうまでもなく仲麻呂追討軍の事実上の指揮者であったから、白壁王も追討軍の一人として果敢な行動をとったものと思われる。

政界におけるこうした白壁王の動きを考えると、仲麻呂に抜擢されつつも距離を置き、乱に際しては孝謙側の一員として行動したことが、王のその後の生涯を決定づけたといってよい。永手・真備らに次いで、孝謙の信頼を得るようになったことの意味は大きい。婚姻を通して孝謙の義兄の立場にあったということも、孝謙に親近感を抱かせたに違いない。

なお、乱が終決した直後、天平宝字八年（七六四）十月、山部王は無位から従五位下に昇叙されているのが留意される。時に二十八歳、蔭位による叙位であるが、この時、仲麻呂追討の功

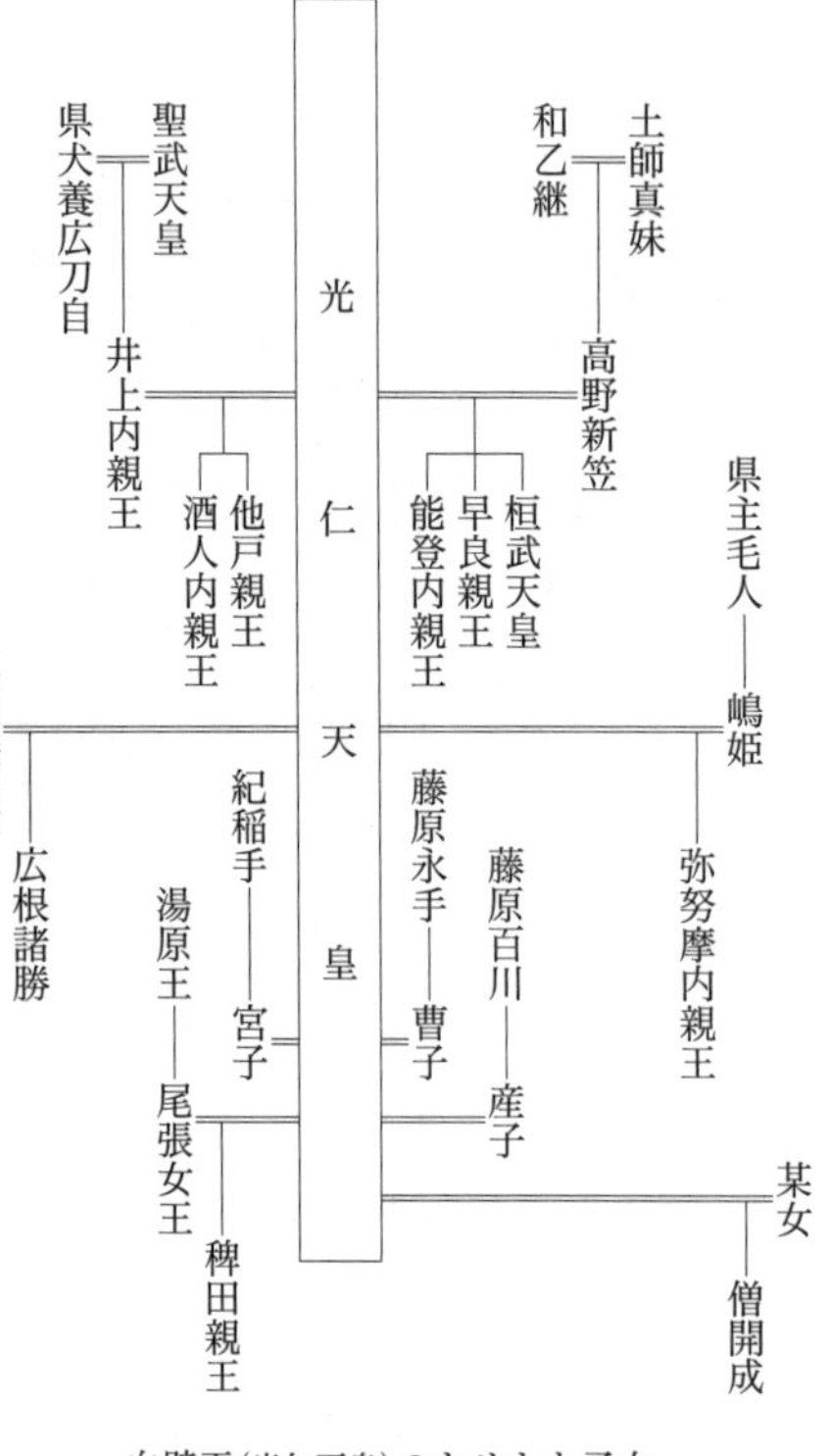

白壁王(光仁天皇)のキサキと子女

労者に対しても叙位されていることを考えると、山部王も追討に何らかの働きをしたことを思わせる。ただし、これはあくまでも推測でしかない。

仲麻呂の乱は白壁王の人生の転機となるが、もう少し即位以前の白壁王について探ってみたい。

新笠との結婚

白壁王には、知られるだけで九人のキサキがいた（系図）。このうち子女の誕生年から判断して、和新笠との結婚が最初であったと思われる。山部王の生母である。

新笠は天平五年（七三三）、白壁王との間に第一子能登内親王を儲けているから、二人の結婚は天平初年とみてよいであろう。白壁王が直叙によって従四位下に叙されるのは天平九年（七三七）だから、結婚は政界に登場する以前であった。結婚した経緯は明らかでない。

新笠は和乙継を父、土師真妹を母として生まれた。『新撰姓氏録』によれば、父方の和氏は「百済国の都慕王の十八世孫、武寧王自り出づ」と記し、『続日本紀』（延暦八年〈七八九〉十二月二十八日条）にも、「后（新笠）の先は百済の武寧王の子純陀太子より出づ」と記されているように、百済国王を始祖とする渡来氏族だという。都慕王（「とぼおう」とも）は扶余を開国したと伝える伝説上の人物であり（武寧王の子、純陀太子は継体七年〈五一三〉八月に亡くなったことが伝えられている）、一族は武烈天皇の時に「帰化」したとされている（『日本書紀』）。和（倭）氏を名乗るようになった時期は不明であるが、一族が大和国城下郡大和郷（現奈良県天理市）に住んだことから氏族名にしたものである。

新笠の母方、土師氏は『新撰姓氏録』に、「土師宿禰、天穂日命十二世孫可美乾飯根命の後なり」とあり、遠祖を神（天穂日命は天照大神の子）としている。土師氏はその名から知られるように土師器をつくり、葬送儀礼や陵墓造りなどに従事した氏族である。ただし真妹の系統は和泉の百舌(もず)地方（現大阪府堺市）を本拠とするグループで、土師氏のなかではもっとも弱体であったと考えられている。

なお白壁王は、尾張(おわり)女王との間に稗田(ひえだ)（薭田）親王、県犬養勇耳(いさみみ)との間に広根諸勝(ひろねのもろかつ)、県主嶋(あがたぬしのしま)姫(ひめ)との間に弥努摩(みぬま)内親王、井上内親王との間に酒人(さかひと)内親王、他戸(おさべ)親王を儲けている。このうち、出自の上でもっとも格式が高いのは、いうまでもなく井上所生の他戸親王と酒人内親王であった。山部王（親王）は白壁王の長子（第一皇子）ではあったが、母新笠の家柄が低かったため、のちに白壁王が即位した時も、端から皇位継承という立場にはなかった。

三 「先帝」の功績

井上内親王の夫

白壁王が〝天武系〟の王族の立場にあったことが仲麻呂に関心を抱かせた要因であることは先述したが、もう一つ仲麻呂が注視したのは、先に述べた井上内親王との結婚である。

井上内親王は聖武天皇の娘（第一皇女、母は県犬養広刀自）であり、十一歳の時に斎王(さいおう)として伊勢に下向したが、天平十六年（七四四）、弟の安積(あさか)親王の急逝によって退下(たいげ)している。二十八歳になっていた。そして帰京後、白壁王のキサキとなったのである。

この間の経緯や婚姻の時期など、明らかではないが、第一子の酒人内親王が天平勝宝六年（七五四）に誕生しているから、結婚はそれ以前ということになろう。酒人が誕生した時、白壁王は四十四歳、井上は三十六歳であった。

二人の婚姻についてわたくしが留意するのは、その前後（天平勝宝年間）における井上の父、聖武天皇の動向である。知られるように聖武は、紫香楽（しがらき）での大仏造立に失敗して平城京に戻って以降、体調を崩し、床につくことが多かった。それが天平勝宝年間である。同四年（七五二）、聖武天皇の悲願であった東大寺大仏開眼会（かいげんえ）が行われたのも、体調を考慮した娘孝謙女帝の配慮からである。聖武はすでに三年前、娘の阿倍（あべ）内親王（孝謙女帝）に譲位し、大仏造立を全面的に阿倍に委ねていた。

天平勝宝年間におけるこうした聖武の容体を考えると、白壁王との結婚を勧めたのは聖武そのひとではなかったか、と思えてくる。

病床に伏してからの聖武の気がかりは、娘たち（三人）の将来であったろう。とくに心を痛めたのが阿倍内親王こと孝謙女帝の立場で、譲位はしたものの孝謙は未婚であり後継者がいなかったからである。そのため聖武は遺詔（いしょう）（遺言）によって道祖王（ふなどおう）を孝謙（朝）の皇太子に指名している。自身の体調に自信が持てなくなったこの時期、娘たちの将来を案じた聖武が、配偶者や後継者を定めるといったことは、決して不思議でないが、わたくしが留意したいのは、人選に際して意識したのが天武系の王族だったことである（瀧浪『聖武天皇』）。嫡系（草壁皇子の血脈）ではない。安積親王が急逝し（天平十六年〈七四四〉）聖武に皇子がいなくなった以上、皇位の継承権は天武系王族（天武の傍系）へ拡大せざるを得なくなったのは当然である。孝謙の皇太子に指名された道祖王はその一人であった。王は天武の皇子、新田部親王の子である。

これに関連して注目したいのが、井上内親王の同母妹である不破内親王（聖武の第三皇女）が、これ以前、道祖王の兄、塩焼王のキサキとなっていることである。塩焼王との婚姻時期は、これまた明らかでないが、わたくしはこれも聖武が勧めたものと考えている。塩焼王（のち臣籍降下して氷上塩焼と称した）・道祖王の兄弟（いずれも天武天皇の孫）が聖武の二人の皇女（不破内親王と阿倍内親王。二人は異母姉妹）の、一人は配偶者、一人は後継者に選ばれているのである。そうしたことから判断すると、聖武が井上内親王の相手として白壁王を選んだと考えても決して不思議ではない。白壁王が天武の〝孫〟であることを踏まえての人選だったと思うからである。

聖武天皇によって選ばれた、娘井上内親王の夫という、その白壁王の立場に目を付けたのが策略家の仲麻呂であり、以後、仲麻呂による抜擢がはじまったのである（先述）。

桜井に白壁しづくや

仲麻呂誅滅後、称徳天皇時代の白壁王について注目すべきことがある。大納言に昇任されて以降は一切、官職・位階ともに昇叙がなかったことで、わたくしはその停滞時期（道鏡が法王に任命された前後に始まる）が、白壁王立太子への構想と無関係ではないように思う。一般に律令制下の皇太子には叙品・任官のないのが原則だったといわれるからで（今江広道「皇太子と位階制」林陸朗先生還暦記念会編『日本古代の政治と制度』）、そうだとすれば白壁王の擁立（立太子・即位）はこの頃からの計画であり、ひいては称徳天皇の意向であったことを暗示していよう。

白壁王の擁立に関連して興味深く思うのが、即位以前に流布していたという次の童謡である（『続日本紀』光仁天皇即位前紀）。

葛城の前なるや　豊浦寺の西なるや　おしとどとしとど　桜井に白壁しづくや　好き壁しづくや　おしとどとしとど　然しては国ぞ昌ゆるや　吾家らぞ昌ゆるや　おしとどとしとど

（葛城寺の前だろうか、豊浦寺の西だろうか、桜井の井戸に白い壁が沈んでいるよ、好い壁が沈んでいるよ。それなら国が栄えるであろうか、わが家が栄えるであろうか）

童謡とは、政治上の風刺や社会的事件の予兆として謡われる歌である。神の託宣をうけるとされる童子（幼子）によって謡われていたことから、その名があるともいう。「おしとどとしとど」とは、はやしことばであるが、『続日本紀』にはこの童謡について時の識者が、「井」は井上内親王の名前であり、「白壁」は諱であって、桜井の井戸（井上内親王）に白い壁（白壁王）が沈んでいるというのは、白壁王が即位する予兆（前兆）であろうと思った、と記している。

こうした予兆は、飛鳥時代、難波や近江への遷都に先立ちネズミの大群が大移動したとの噂を流すなど、事前工作としてしばしば利用されている(『日本書紀』)。明らかに、衝撃を和らげるための人心操作であった。換言すれば、予兆のあった遷都ほど問題を含んでいたということであるが、そうしたことから考えると、白壁王の即位というよりも皇嗣の選定が簡単に片付く問題でなかったことを示している。

これ以前から、皇位継承をめぐっては様々な動きがあった。すべては配偶者も子どももいない孝謙が即位し、一度は譲位をしたものの淳仁天皇を廃して重祚(称徳天皇)、その後も後継者を定めようとしなかったことに原因がある。その間、橘奈良麻呂のクーデター計画、和気王の呪詛事件などが起こっている。いずれも、女帝である孝謙(称徳)天皇の即位を正当なものとは見なさず、天武系の血脈を承けた男子の皇位継承権を主張したものであった。そうしたなかで、白壁王が酒に溺れたふりをして行方をくらまし、災難から免れた(『続日本紀』光仁天皇即位前紀)というのを奇異だとする意見もある。王は天智天皇の孫であり、当時の皇位継承権者の圏外にいたというのである。しかし、そうではない。

これまで繰り返し述べてきたように、王が〝天武の皇子〟となった施基親王の子であり、世間ではその立場が重視されていたことを見逃してはいけない。また井上内親王をキサキにしていたことも王の存在をクローズアップさせた理由である。井上を介して聖武(＝天武の曽孫)の血脈に連なっていたからで、白壁王は二重の関係で、まぎれもなく天武系の立場にいた。

白壁王が即位についてどのような考えを持っていたのかは、分からない。しかし、自身が即位に連なる立場にあることは十分に自覚していたはずである。それが保身に走った理由のすべてである。

時に三十四歳、従五位下として大学頭（大学寮の長官）の任にあった山部王は、そうした父の立場や行動をどのように眺めていたのか。思うに、皇位継承に関わる事件や風聞は自身とは無縁の事というのが、偽らざる気持ちであったろう。その皇位が山部の手の届くところに舞い降りて来るとは、誰が予想をしえたのか。もう少し考察を深めていきたい。

称徳女帝の「遺宣」

白壁王の擁立が称徳朝の時代から構想されていたことは、すでに述べたが、それが称徳の容体が急変したことで現実のものとなった。

『続日本紀』には神護景雲四年（七七〇）八月、病床にあった称徳女帝が皇嗣を急ぎ審議するように命じたのに対して、左大臣藤原永手・右大臣吉備真備ら公卿たちは群臣の賛同を得て白壁王の擁立を決定し、それを報告、称徳はこれに同意したと記している。ただし、その決定があまりにも迅速で話しができすぎているとして、称徳は皇嗣を決めないままに没した、そこで藤原永手らが称徳の遺宣（遺言）なるものを偽作し、白壁王の立太子を実現したとみる意見が強い。しかし、そうではない。

繰り返し述べたように、称徳にとって白壁王擁立の構想は早くからのものであり、当時の白壁王は天武系を継承するうえでもっともふさわしい人物であった。称徳から審議を命じられた永手らは、称徳の意を汲んでただちに衆議を統一し、白壁王の立太子を実現したのである（瀧浪「藤原永手と藤原百川――称徳女帝の「遺宣」をめぐって」『日本古代宮廷社会の研究』所収）。

それよりも留意したいのは、永手らが白壁王を推挙した理由である。『続日本紀』に、「白壁王は諸王の中に年歯（としは）も長なり、また先帝の功も在（あ）るが故（ゆえ）に（白壁王は諸王たちの中で年齢も上であり、また先帝の功績もあるから）」皇太子にふさわしいというのである。当時白壁王は六十二歳で、王たちの中では最高齢であった。即位の要件として年長であることが重視されたのは間違いないが、白壁王の場合、見逃していけないのは「先帝の功」があったという点である。

永手らの言う「先帝」とは「天武天皇」のことで、「天武天皇時代の功績」すなわち施基皇子が吉野において天武と誓い合った盟約をさすことは、これまでの考察から明らかであろう。白壁王は〝天武の皇子〟の子であり、しかも、最年長だったことが推挙された理由であり、それを称徳も承認したというのが、わたくしの理解である。むろん、聖武天皇の血をひく他戸親王（母は井上内親王）がいたことも視野に入っての選定であった。時に他戸は十歳前後（通説では天平宝字五年〈七六一〉生まれ）であったろうか。

ちなみに後継者について、なぜ称徳は遺宣を残さなかったのかといった疑問が生じるかも知れない。しかし、理由は察することができる。父聖武の遺詔（道祖王を立太子したにもかかわらず、のちに廃太子されたが、その廃太子を命じたのは他でもない、称徳自身であった）の二の舞になりかねないことを知っていたからである。遺宣を残すことは無意味であるだけでなく、却って社会的混乱が生じることを、称徳自身は身をもって体験していたのである。

山部王の存在

白壁王の擁立について付言しておくと、右大臣吉備真備は文室浄三（智努）・大市の兄弟を強硬に推したが、いずれも辞退したので実現しなかったと伝えられている（『日本紀略』所引の「百川伝」や『水鏡』）。兄弟は長親王（天武天皇の皇子）の子であり、生母の大江皇女は天智天皇の娘であるから、血脈上では白壁王よりはるかに格上だった。

真偽は明らかでなく憶測の域を出るものではないが、真備が白壁王の擁立を避けた背景に山部王の存在が深く関わっていたのではないか。白壁王の即位が実現すれば、早々に立太子儀が必要となる。その場合、皇太子が井上内親王の子、他戸であるのは間違いない。問題は山部王の存在で、皇位継承者の圏外にあったとはいえ、父の即位によって山部が皇位を期待すればどうなるか。真備の不安は、その点にあったとわたくしは見る。

改めて述べるまでもなく、わが国では天皇（大王）の後継者についてもっとも重視されたのが天皇の血脈、いわゆる皇統である。前（先）天皇に連なることが求められ、皇位継承者にとってその正統性の証しとされてきた。しかし、中国の皇帝は違う。血脈や血筋、あるいは出自も大事ではあるが、もっとも重視されたのは皇帝としての徳の有無である。古くは農民出身の劉邦(りゅうほう)が王朝を創始したように、天命として徳のある者(家)は、不徳者を出した前皇帝(王朝)に代わることができた。易姓革命(えきせいかくめい)と称されるもので、王朝交替を正当化する思想である。したがって、こうした中国社会の思想に倣うなら、山部王の立太子(即位)もあり得ないことではない。というより、白壁王(六十二歳)、他戸王(十歳前後)、山部王(三十四歳)という父子の年齢構成から判断すると、山部の立場はむしろ有利でさえあろう。その意味で、白壁王の立太子(即位)に問題がないにしても、その後継者をめぐって内紛が起きかねないというのが、白壁王を擁立する際の最大の難点であったともいえる。二十年近くも在唐生活を経験し、中国の歴史を熟知していた真備は、そのことを見通し憂慮していたはずである。

むろん、立太子に関して山部王の存在に着目していたのは真備だけではあるまい。のち山部王の立太子に尽力した藤原百川もその一人であった。しかし、山部がトラブルの元凶になることまでを考慮して皇太子の推挙を提言したというのは、真備だけではなかったろうか。事実その後、この山部の擁立をめぐって謀略がめぐらされ、擁立が実現したあと時代は大きく転換を余儀なくされる。わたくしの推測が正しいとすれば、まさに真備の不安が的中したことになる。しかもその結果、政治も文化も新たな時代に脱皮していったのは、まさに歴史の妙というものであろう。

第二章　皇位への道――「奇計」によって誕生した皇太子

一　井上内親王と他戸親王

山部親王の登場

神護景雲四年(七七〇)八月、称徳女帝が没したその日、白壁王が皇太子に立てられた。王は二ヵ月後の十月、即位する(光仁天皇)。

即位した翌月(十一月)、光仁は父の施基親王に天皇号(春日宮御宇天皇〔かすがのみやにあめのしたしらしめししすめらみこと〕)を追尊〔ついそん〕している。春日の地に宮殿を営んでいたことにちなむ呼称で、施基が天皇と称されることによって、系譜上、光仁は天武の正系(天武―施基―光仁)を継承する形となった。ついでキサキの井上内親王が皇后に立てられた。皇位継承者にとって母が皇后であることが慣例だったから、井上所生の他戸親王は年明け早々(宝亀二年〈七七一〉正月)に立太子されている。いっぽう山部王は、白壁王が立太子した直後に従四位下に昇叙され、侍従〔じじゅう〕に任じられた。次いで父の即位に伴い四品が与えられて親王を称する立場になり、四ヵ月後の人事で中務卿に任命されている。皇位継承者の圏外にあった山部は、光仁・他戸体制を支える事務官僚として政治家人生をスタートさせたのである。そんな山部親王が即位するなど、この時点で誰が予想しえたであろうか。誰の目にも有能な官僚としか映っていなかったに違いない。ところが歴史は急転した。

きっかけは左大臣藤原永手の急死である。山部の即位を阻んでいた扉が開いた瞬間である。立太子・即位のシナリオは、この永手の死から現実味を帯びたといってもよい。具体的に経緯をたどってみよう。

永手の急死

藤原永手は光仁天皇を擁立した中心人物であった。藤原仲麻呂追討に功績があったことから称徳女帝の信任を得た永手は、仲麻呂誅殺後は廟堂のトップ(左大臣)に立ち、女帝没後には吉備真備らとはかって道鏡を排斥し、称徳の後継者として光仁の即位を実現した立役者である。

永手は藤原房前(北家)の二男で、母は橘諸兄と同母妹の牟漏女王、したがって県犬養橘三千代が外祖母にあたる。三千代は称徳女帝の外祖母でもあったから、当時の藤原氏のなかで永手は、血縁的にもっとも称徳に近い立場であった。そんな称徳天皇の、ついで光仁天皇の信頼を得た永手は、北家の政治的立場を不動のものとした。しかし光仁が即位した翌年、宝亀二年(七七一)二月、急死したのである。五十八歳であった。

永手に全幅の信頼をおいていた光仁天皇は、その急逝を聞いて痛惜し長文の弔辞（宣命）を下している。「大臣（永手）は明日には参内してくれるであろうと心待ちにしていたが、遂に黄泉の国へ旅立ってしまったと聞いて、朕（光仁天皇）は戯言を言ってるのかと疑った。もし本当なら、太政官の政務を誰に任せていったのか、恨めしい、悲しいことよ。朕の大臣よ、朕はどうして心を晴らせばいいのか、悔しくて残念で悲しくて、大声で泣いている」というのは、宣命の一部である。これほど正直に心情を吐露した弔辞も数少ないであろう。受けたショックは想像を絶するもので、光仁の慟哭が伝わってくるようだ。

永手没後、藤原氏の代表者として中心的存在となったのが良継（初名は宿奈麻呂）である。式家宇合（不比等の三男）の次男で、永手らとともに仲麻呂を討伐し、光仁天皇擁立に尽力したことから正三位・中納言に叙任されていた。永手が死去すると、中納言から一挙に内臣（右大臣の次席、大納言より格上）という特別職を与えられ、この頃から内外の権力を握って政界を自在に操ったという（天平宝字八年〈七六四〉九月十八日条）。その良継が異母弟百川の仕組んだ謀略に加担して、山部親王を歴史の表舞台に登場させることになる。

廃后・廃太子

事件が起こったのは永手が没した翌年、宝亀三年（七七二）三月である。井上皇后が光仁天皇を呪詛したとして皇后の地位を剝奪されたのである。裳咋足嶋なる者が皇后の「謀反」を密告したことから発覚した。皇太子他戸が廃されたのは二ヵ月後

（五月）であった。どうやら母井上の呪詛事件が他戸廃太子の理由になったようだが、光仁天皇は官人たちを集めて詔（みことのり）を下し、他戸を糾弾している。大意は次のようなものであった。

皇太子他戸の母井上内親王の厭魅（えんみ）による大逆（たいぎゃく）（謀反）の事は一度や二度ではなく、たびたびに及んでいる。高御座（たかみくら）の天（あま）の日嗣（ひつぎ）の座（天皇の位）は自分一人のものではない。それゆえ、皇太子の位に謀反・大逆人の子を立てていることは恥ずかしく、面目ない。また後の世の乱れを誘うことにもなろう。

詔による限り、他戸自身に過失はなく、責任はすべて母の井上内親王にあったことになる。事実であれば光仁にとって、息子の廃太子は断腸の思いであったろう。他戸の立太子にあたり井上が立后された意味が大きかっただけに、逆に皇后の問題が他戸の命取りとなった。廃后がそのまま廃太子を促す口実となったのであるが、事件の真の目的が他戸の廃太子にあったことは明らかである。廃后は、そのための口実とされたにすぎなかった。

ただ、わたくしが気になるのは、他戸の廃太子が井上の廃后と同時ではなく、二ヵ月余り後だったことである。これまで、誰もこの時間的ズレについて言及することも、深く考察することもなかった。意味するところは重大であると考えるが、詳細は後述することにして、ここではズレがあったことの指摘に留めておきたい。山部親王が立太子されたのは他戸廃太子の翌年、宝亀四年正月早々であった。

井上廃后が表沙汰になったことに関連して、もう一つ興味深く思う出来事がある。廃后の詔が下される三日前に、当時日本に来ていた渤海使が帰国していることである。

渤海使の帰国

『続日本紀』によれば、この度の渤海使は前年（宝亀二年）六月、壱万福を大使として三二五人、船十七隻で出羽国に来着し、このうち壱万福ら四十人が翌年の元旦儀に出席する許可を得て、十二月に入京していた。一行が来日した宝亀二年は、井上の立后（宝亀元年十一月）についで他戸の立太子（宝亀二年正月）が実現し、光仁朝体制が確立しつつあった時期である。永手が没したのは、その矢先であった。

宝亀三年の元旦儀に出席した壱万福については、持参した渤海王の上表文の文言をめぐって、わが国との間でトラブルがあった。しかし、壱万福の謝罪によって事なきを得て、一行が帰国の途に着いたのが二月二十九日、廃后の詔が出されたのが三月二日であった。

廃后の詔が、壱万福ら一行の帰国を待って出されたのは間違いない。わが国の政治内情が漏れ、権威の失墜に連なりかねないことを恐れてのことであろう。

井上母子の悲劇はこれに留まるものではなかった。翌宝亀四年（七七三）十月、光仁の同母姉難波内親王が亡くなると、これをふたたび井上内親王による厭魅の所為とし、五日後には母子ともに大和国宇智郡の没官宅（没収された宅）に幽閉された。ここでも、厭魅した張本人は井上であり、他戸に罪がなかったにもかかわらず、一緒に幽閉されている。

それにしても違和感を覚えるのは、この事件が起こった時期である。山部は九ヵ月前（この年正月）に立太子しており、すでに後継者の地位を得ていた。また光仁の姉である難波内親王は、当時、七十歳前後であったと推定される。こうした状況から判断すると、井上の再度の厭魅が事実であったとは思えない。厭魅しなければならない理由が見当たらないのである。ましてもはや政治的影響力、存在感を失っていた母子が、自らの復権を狙って行動を起こすなど考えられないし、あり得ることではない。

その後の消息は一切不明で、二年後、『続日本紀』に「井上内親王、他戸王並びに卒す（井上内親王と他戸王がともに亡くなった）」とあり、幽閉中の母子が同日に没したことが知られるのみである（宝亀六年〈七七五〉四月二十七日条）。そうした状況から、この母子は暗殺されたとする見方が強いが、簡単に断定はできない。すでに幽閉しており、そのうえ殺さなければならない積極的理由が見当たらない。あるいは自殺したとの説もあるが、これも根拠のあることではない。結局のところ、真相は不明というほかはない。

光仁に対する呪詛といい、難波内親王への厭魅といい、他戸に罪が及んでいるのは、狙いが明らかに他戸の廃太子にあったことを物語る。井上の厭魅は、そのための口実とされたのであった。のち宝亀十年（七七九）六月、周防国で自らを他戸皇子と称する人物が現れたのも、聖武天皇の血を承けた他戸の存在が注目されていたこと、またその死が人びとに不可解だと受け止められていたことを物語っていよう。

他戸が皇太子の地位にあったのは、わずか一年余りであった。十歳前後で立太子され、わけが分からないまま廃太子に追いこまれ、そして幽閉されて亡くなった他戸、その生涯を思うと哀れでさえある。

井上母子が亡くなったのは、山部親王が立太子して二年後のこと、すでに皇位継承へのパスポートを得ていた山部は、二人の死をどのような思いで受け止めていたのか。その生涯に影を落とさなかったはずはなかろう。

二　井上内親王が女帝になる可能性

式家兄弟の陰謀

藤原永手の死をきっかけに起こされたこの事件、問題の根は深い。山部親王の立太子が実現した前後、良継は娘乙牟漏（おとむろ）を、また百川も娘旅子（たびこ）を山部に娶らせている。こうしたことから考えても、他戸廃太子―山部立太子―娘との婚姻は計画的になされたもので、すべて式家の良継と百川の兄弟の仕業であったことは確かである。正確に言えば、中心人物は百川であり、良継の協力を得て実現したものであった。

『公卿補任』(藤原百川伝)によれば、百川が「奇計」を用いて他戸を廃太子に追い込んだとある。のちに即位した山部(桓武天皇)は、百川の子の緒嗣を二十九歳の若さで参議(公卿)に抜擢するが、その際、「緒嗣の父なかりせば、豈に帝位を践むを得んや(緒嗣の父がいなかったら、朕は即位することができなかったであろう)」(『続日本後紀』承和十年〈八四三〉七月二十三日条)と述べており、百川の陰謀が事実であったことを裏付けている。それも百川が中心となり、その働きは良継以上であったことを明白に物語る。むろん、立太子を実現させた上で山部と姻戚関係を持つというのが、良継・百川兄弟の狙いであった。

良継・百川の兄弟一族(式家)は、聖武天皇の時代、長兄広嗣が吉備真備と僧玄昉を非難したために聖武から反逆者のレッテルを貼られ、家勢は衰退していた。ついで南家(嫡男家)も仲麻呂の誅殺によって衰微する中で、藤原一族の主導権を握っていたのが北家の永手であった。その永手が急逝した。家勢挽回の機会を狙っていた良継らが、千載一遇のチャンスを見逃すはずはなかった。

山部は生母高野新笠の出自の格の低さから、皇位継承の立場になく、即位の可能性は皆無であったといってよい。そんな山部であればこそ、与しやすいと見た百川たちは山部に白羽の矢を立てて他戸の廃太子事件を捏造し、山部の立太子を実現したのである。

けだし、良継・百川らによる他戸廃太子=山部立太子の謀略は、突然に仕組まれたものではなかろう。ひとつ間違えば式家の命取りにもなるほどの詐略が、単なる思いつきから断行されたとは思えない。永手の生前から練られた計画であり、それが、永手の死によって一挙に実行に移されたものと、わたくしは見る。

それにしても、百川の用いた「奇計」とは意表をついた謀をいうのであろうが、いったいどのような罠を仕掛けたのか。

光仁のシコリ

真相は不明というほかないが、事件に関して疑問に思うことがある。一つは、先の廃后の宣命には、井上の厭魅が一度や二度ではなくたびたびに及んでいると見えるだけで、井上の行動について具体的なことは何一つ記されていない点である。厭魅をしたというなら、どこで、どんなふうにしたのか。それが、一切分からない。こうした記述をさすがに不自然と感じた本居宣長は、「もしくは皇后を廃し給ふよしの詔は、此前に今一つ別に有しが、記に漏たるにやあらむ」(『続紀歴朝詔詞解』)と述べているが、早良親王の例もあるように、意図的に記事が削除された可能性もないではない(後述)。しかし、これも証拠があってのことではない。

二つは、百川が関与した事実があるにもかかわらず、先の廃太子の詔はむろんのこと、これ以後のどの詔にも触れるところがない点である。これは、光仁が百川に対して疑いを抱くことがまったくなかったことを物語っていよう。百川の「奇計」は、光仁をも欺くほどの巧妙な方法であったと考えられる。ただ気になるのは、良継・百川兄弟に対する光仁の扱いである。彼らに対して、光仁は多少、警戒の念を抱いていたのではないかと思うからである。

永手の急死後、良継が内臣という特別職に任じられたことについては前述した。内臣とは、かつて中臣鎌足が蘇我氏を倒した（乙巳の変）直後に任命され、ついで元明太上天皇から朝廷の後事を託された房前（不比等の二男）が天皇（元正）を補佐せよとして任じられたように、天皇の私的ブレーンともいうべき重い立場であった。しかし、良継が就任した内臣はそれと同じではない。職掌は大納言と同じとされ、食封は右大臣（二〇〇〇戸）と大納言（八〇〇戸）との間の一〇〇〇戸に定められている。鎌足や房前の場合、非制度的存在であり天皇の顧問ともいうべき立場が、良継の内臣は太政官体制に組み込まれ、地位や権限がむしろ制限されているからである。

永手没後、良継は年齢的にも藤原氏のなかで長老的立場にあった。内臣任命はそうした良継に対する褒賞の一面をもつと考えてよいが、光仁の永手に対する信任とは決定的に違っている。そのことを見逃してはいけない。

光仁天皇は、百川に対しても格別の恩恵を施すことがなかったように思われる。百川がはじめて八省卿の一つ、式部卿に任じられたのも（宝亀八年〈七七七〉十月）、さらに中衛大将を兼任したのも（宝亀九年〈七七八〉二月）、良継没（宝亀八年九月）後のことである。百川の薨伝に、「（光仁）天皇、甚だ之（百川）を信任し、委ねるに腹心を以てす。内外の機務に関知せざるは莫し（天皇は厚く百川を信任し、腹心の臣下としてすべてを委ね、内外の重要な政務で百川が関与しないものはなかった)」(宝亀十年〈七七九〉七月九日条)と記され、光仁の百川に対する信頼ぶりを述べたものとしてしばしば引用されるが、これは百川と桓武天皇との親密な関係から、光仁に対する功績を多分に誇張した表現と見るべきであろう。そう思うのは、百川の薨伝を収める『続日本紀』が、桓武天皇時代に、それも桓武自身が目を通して編纂されたものだからである。百川は、かれ一流の政治性で光仁に取り入り、腹心として用いられるほどの才覚を発揮したことは確かであるが、かといって光仁が無条件に信任していたわけでもない。それは良継に対する接し方とも共通するもので、光仁と百川の親密性を過大視することは事実を誤認しかねない。わたくしには、他戸廃嫡をめぐって生じた百川に対するシコリが、そこに影を落としているように思われて仕方がない。

二ヵ月余り後の謎

先の廃太子に関する詔を見る限り、表向きは良継・百川兄弟に対して光仁が疑惑を抱いていたと思えない。それほど兄弟の謀略が巧妙であったということであるが、それでも光仁は廃太子という措置に躊躇し、決断するまでの間苦悩したのではないか。少なくとも即断即決での廃太子でなかったとわたくしは考える。それというのも、他戸にはまったく過失がないからである。だいいちこれ以前、母の過失の責任を負わされて廃太子された例はない。他戸の立太子に際して母井上の立后の持つ意味が大きかったとはいえ、光仁にとって、そのためにわが子を罪人に貶めるのは勇断を必要とする。思い迷った末の決断であったろう。その場合、次の皇太子を誰にするかという問題もあった。むしろ廃太子以上にその方が難問だったといってもよい。

その間の光仁の苦悩を思わせるのが、廃太子の詔が出されるまでの期間である。廃后と同時ではなく、二ヵ月も経ってのことだった。考えてみれば、奇異であろう。

先に述べたように、謀反・大逆人の子を皇太子に立てておくのは天皇として恥ずかしい、乱世のもとになる、というのが光仁の本心から出た言葉だとすれば、即座に廃太子すべきである。また、良継らの狙いが廃太子にあったなら、時を移さずに詔の発布を光仁に促したはずである。しかし光仁が決断するまでに、二ヵ月を要したのであった。光仁と良継ら公卿との間のやり取りが上手くいかず、察するに、合意に手間取ったということである。廃后から廃太子までの二ヵ月余りの空白は、光仁の苦悩と葛藤を物語る時間であった。

皇位継承のあり方は大化改新以後、大きく変わる。それまでの新帝は群臣の推挙によって即位が実現したが、改新後、それを決定したのは現天皇であった。蘇我入鹿(そがのいるか)を誅滅したあと、皇極(こうぎょく)天皇が弟孝徳(こうとく)天皇に譲位したのも、皇極の意思による(ただし、これは表向きのことで、実際は中臣鎌足の提案)。そうしたことから判断すると、他戸を立太子したのは光仁であり、また廃太子後の皇太子決定権も光仁にあった。その光仁を二ヵ月余りもの間苦慮させたのは、何か。廃太子という処断に加えて、それまで皇位継承者の圏外にいた山部の立太子問題であった、とわたくしは見る。

詳しくは後述に委ねたいが、光仁には山部の他に、知られる皇子が三人いた。このうち山部について、端から光仁の眼中になかったことだけは確かである。しかし、その山部を他戸に代わって擁立すべきであると進言したのが、良継・百川の兄弟である。想定外の候補者に光仁が躊躇したことは、想像がつく。

廃后についで廃太子ということになれば、社会的不安や政情批判は噴出する。それらを抑え、皇位継承を安定させるには、年少皇子では不可能であった。時に山部は三十六歳、すでに官僚として政治的経験を積んでいる。その意味では、廃太子後の皇太子として最適の皇子だった。ただし皇位継承者としての難点である生母の出自、これをどのように克服すればいいのか――。

六十四歳の老齢となった光仁の心底を代弁すると、ザッとこういったところであろう。井上の呪詛が事実としても、他戸にまで責めを負わせるべきかという廃太子問題が、苦悩を深刻にしていったに違いない。廃后から廃太子までの二ヵ月余りを、以上のように考える。

そして、光仁は決断した。「皇太子他戸王を廃して庶人とす」との詔を下したのである。ただ見逃してならないのは、その間、光仁が山部を推す百川兄弟に多少の疑念を抱くようになっていた、ということである。

山部の官僚時代を通して、百川兄弟と山部とが関係を築きつつあったことは光仁も知らないはずがない。そうした兄弟が、誰一人考えもしなかった山部の擁立を提言したのであるから、彼らの底意を見抜けないわけがない。兄弟と山部との政治的繋がりが露骨になるのを光仁は警戒したのである。そうでなければ、先に述べた光仁の、永手と良継兄弟に対する扱いの違いは理解できないであろう。

光仁が苦悩の末に他戸廃太子に踏み切った理由について、もう一つだけ述べておきたい。

井上内親王の即位

そもそも光仁—他戸体制については、光仁自身も了解したうえで即位したはずだ。称徳の遺宣を受けた永手らが光仁を擁立したのも、聖武の孫である他戸親王への継承を期待してであったことは否定できない。だからこそ、即位後、前例に倣い、井上を立后したうえで他戸を立太子したのである。

そうした光仁が、井上が厭魅したと聞いてただちにそれを信じたとも思えない。また、たとえ物証が見つかり厭魅の確証を得たとしても、廃太子までを決断するであろうか。簡単に納得したとは思えない。しかしそれが、黙殺しがたい事実を聞かされたらどうか。光仁が決断に踏み切ったのは、驚天動地の話が持ち込まれたからだとわたくしは考える。それは何か。結論を先にいうと、井上内親王の即位である。

事件をもう一度整理してみよう。厭魅は光仁天皇の廃位を狙ったものというが、真の目的が他戸の廃太子であったこと、それが良継・百川らによる疑獄事件であったことは、ほぼ間違いない。しかし厭魅の張本人とされる井上の立場からすると、自身が皇后に立てられ他戸の立太子も実現していた上、すでに六十四歳であった光仁の廃位にどれほどの意味があったのか、疑問である。いっぽう光仁にしても、井上が呪詛して廃位を企んでいると聞かされても、それは井上と光仁との問題であって、廃太子まで決断したとは思えない。ところが、それが光仁に代わって井上自身が即位を狙っての呪詛であった、と聞かされたらどうか。しかも井上の即位が荒唐無稽な作り話ではなく、あり得ることだったとすれば、光仁ならずとも動揺し激怒したであろう。

再度確認をしておくと、井上内親王は聖武天皇の第一皇女で、孝謙(称徳)天皇(母は藤原光明子)の異母姉にあたる。母は県犬養広刀自で、藤原系ではないが、天武系血脈(天武系皇統)の継承者としては孝謙天皇にも匹敵する立場である。血脈の上では光仁天皇以上に重みのある存在であった。その井上が、息子の他戸が成長するまでの間、即位し政務に当たったとしても不思議はない。古くは天武の皇后であった持統が、息子の皇太子草壁に代わって称制(即位せずに政務をとる)しているし、近くでは元明・元正も即位し、首皇子(のちの聖武天皇)が成長するまで政治を取り仕切ってきたからである。

そんな井上内親王が、光仁に代わって即位を願いそのために呪詛したと聞かされたら、光仁は憎しみで打ち震えたに違いない。光仁の疑念や怒りを掻き立てるのに、これ以上の材料はなかったろう。むろん、そのことを示す史料があるわけではない。あくまでも、これはわたくしの推測である。

繰り返していうが、光仁の立場からすれば、井上を廃后し他戸までも廃太子するという決断は、想像もしえない理由があってのことであろう。考えられるのは、井上の即位しかない。光仁に代わって即位し、然るべき時に他戸に譲位する。言い換えれば称徳―井上―他戸の継承を実現して正真正銘の天武系皇統を遵守する、呪詛はそのためであると光仁が信じ込まされたことが、決断の理由であったと考える。光仁を否定して擁立する井上の即位は、皇太子他戸と一連のものであったことから、光仁は他戸の廃太子に踏み切ったのであった。

むろん、これは良継・百川ら式家兄弟によって仕組まれたもので、井上や他戸らの関知しないことである。しかし、井上・他戸の母子にも付け入られるスキがあったのかも知れない。兄弟たちの術策に惑わされた光仁も悲惨であるが、廃后・廃太子された上に命までも絶たれてしまった母子こそ不憫であろう。

三　山部親王の立太子

母の賤しき、高きをいうべからず

繰り返し述べてきたように、当時の慣例では、山部が皇位につく可能性は皆無であり、想像すらできないことであった。その山部が皇太子に立てられた。宝亀四年(七七三)正月である。他戸親王が廃されてから半年後のこと、時に山部は三十七歳であった。

むろん、山部の立太子がすんなり実現したわけではない。意見の対立があった。

光仁には知られるだけで九人の子女(男子六人、女子三人)がいた(第一章二二頁の系図)。このうち早くに出家していた早良親王と僧の開成(かいじょう)を除くと、他戸の廃太子後、後継者の候補となる皇子は三人である。新笠との間の山部親王、尾張女王(施基皇子の孫)との間に誕生した稗田(ひえだ)親王、県犬養勇耳との間の広根諸勝(桓武天皇時代に入って延暦六年〈七八七〉、臣籍降下して「広根朝臣(あそん)」を名乗った)である。山部は三十七歳、稗田は二十二歳であった(諸勝は年齢不詳)。他戸が廃太子されたあと、残る三人の皇子のうち母親の出自からいえば、稗田親王が他戸の後釜に据えられて然るべきであろう。

『水鏡』には、山部を皇太子に推す百川に対して、藤原浜成(はまなり)は山部の生母が身分の低いことを問題にし、尾張女王の子である稗田親王を推挙したと記されている。浜成は藤原京家(きょうけ)、麻呂(まろ)の嫡男である。『水鏡』は鎌倉時代初めに成立したとされ、荒唐無稽な伝承も数多く収載していて、すべてを鵜呑みにすることはできない。しかし、それでも浜成による稗田親王の推輓(すいばん)が事実無根の話であったとも思えない。当時の慣例からすれば、生母の出自から稗田を推す浜成の方が、百川よりもスジが通っているからである。

また『水鏡』には、山部を否定した浜成に対して百川が、「位に付き給う人（即位すべき人）、更に以て母の賤き高き云事を撰ぶべからず（生母の出自の高下は関係ない）」といい、浜成の意見を道理なきことと一蹴したともある。皇位継承者の条件として母の身分が関わっていたことを物語るエピソードであろう。

浜成は山部の即位直後、大宰帥から大宰員外帥に降格されている。それを、立太子に反対したことのしっぺい返しと見る理解もある。浜成については後述するが、それが事実とすれば、山部の立太子には深刻な意見の対立があったわけで、それらを抑えて実現した百川の力量には舌を巻く。

百川らに押し切られた光仁は、皇太子に稗田ではなく年長の、しかも実務官僚としての経験を積んだ山部を選んだ。思うに、廃后・廃太子を断行した光仁が当面の社会的混乱を乗り切るには、政治的経験を積んだ山部を選定する以外に道はなかったろう。

山背の秦氏

山部の立太子に関連して、もう一つ述べておきたいことがある。延暦十一年（七九二）正月というから、山部の即位が実現してすでに十一年が経った時のこと、僧施暁が桓武天皇に奏上し、得度の許可を求めてきた。『類聚国史』に収める記事で、内容は、山背(山城)国に住む百姓秦忌寸刀自女ら三十一人が、去る宝亀三年(七七二)以来今に至るまで、誓願を発して桓武天皇のために毎年春と秋に仏事を修してきた、その心願によって人びとすべての得度を認めてほしい、というものである。

仏事を始めたという宝亀三年は、その年三月に井上が皇后を廃され、ついで五月には他戸が廃太子されている。「聖朝(桓武天皇)の奉為」に修した仏事が廃后・廃太子事件にまで関わるのかどうか、明らかではないが、翌宝亀四年に山部が皇太子に立てられているから、山部立太子を祈願してのものだったことは間違いない。しかも、その誓願が即位後も続けられてきたというから、山部(桓武)に対する思い入れの強さが尋常でないことをうかがわせる。得度の申請は、山部の立太子さらには即位を誓願したことへの報償を求めたものであった。

それにしても山背国に住む秦氏が、なぜ山部を支援して誓願したのか。

いうまでもなく秦氏は渡来人ではあるが、新羅系であって百済系ではない。桓武の母方は百済系渡来人であり、したがって桓武と秦氏とは直接には血縁関係がない。このことについて村尾次郎氏は、山部が山背の出身であり郷土から出た山部の幸運を祈ったと理解し、それがのちの長岡京遷都に連なるという(『桓武天皇』)。しかし、山部が山背の出身であるとする氏の見解は必ずしも根拠のあることではない。わたくしには賛成できないが、かりにそうであったとしても、山部と山背在住の秦氏とを結びつける人物がいたはずである。そうでなければ、山部のために秦氏が仏事を修するはずがない。まして、山部の出身が山背国でないとなれば、なおさら強力な仲立ちの存在を考慮しなければならない。

案の定、仲介する人物がいた。一人は奏上した施暁であり、もう一人が百川である。そして、この二人は山部擁立に向けて互いに連携していたとわたくしは見ている。

施暁と百川

施暁から考えてみる。『僧綱補任』によれば、施暁は行基の孫弟子で、光信の弟子という。光信は行基が亡くなる時に、いわゆる四十九院をすべて付嘱されたと伝えられるから（『扶桑略記』）、弟子の中でも行基の信頼が厚かった僧である。すなわち施暁は行基や光信の系譜、いわゆる山林修行に勤しむ僧侶であったと推測される。

施暁の出自は明らかでないが、山背国の秦刀自女らの得度を願い出ていることから、彼女らは施暁に率いられた在俗信者と考えられ、施暁の出身地を山背国葛野郡とみる意見が出されている（西本昌弘「平安京野寺（常住寺）の諸問題」角田文衛監修『仁明朝史の研究』所収）。むろん、根拠があってのことではないが、秦氏一族が南山背に勢力を張っていたという事実から、わたくしも、秦刀自女らの本拠地が山背国であり、施暁の出身地もその近辺であった、という理解に従いたい。行基の活動を受け継ぐ施暁は在地に勢力を張り、民衆の信仰を得ていた僧侶だったのであろう。宝亀三年以来延暦十一年まで、二十年にわたって刀自女らが桓武のために仏事を修してきたのも、施暁に付き従い帰依してきたからであり、両者の絆の深さを知る。

もう一人の仲介者、百川についてであるが、百川と山背国もしくは山背の秦氏との関係を示す史料はない。ただ、義兄の藤原清成(きよなり)が秦氏の娘を娶り、その間に生まれたのが種継(たねつぐ)である。百川亡きあと、百川の功績によって、即位後の山部(桓武)から破格の抜擢を受けている(後述)。そうしたことから推測すると政治的嗅覚の鋭い百川のこと、義兄を通して秦氏一族やその勢力基盤である山背国との関係を早くから築き、施暁との繋がりが生まれていたことも、十分に考えられよう。大事なのは、この二人の関係である。

百川の墓地

百川は山部の即位を見ずに亡くなっている。宝亀十年(七七九)七月、山部が即位する二年前のことである。葬送具は朝廷から支給され、造墓のための人夫は京中から雑徭(ぞうよう)として徴発された役夫(やくぶ)があてられている(『続日本紀』)。当時、都は平城京であったが、京内に葬ることは許されなかったから、平城京近辺に墓地が営まれたものと思われる。問題はその墓地で、具体的な場所は分からないが、十八年後の延暦十六年(七九七)二月に山城国相楽(さがらか)郡の田二町六段が百川の墓地として下賜され、大和国から改葬されている(『日本後紀(にほんこうき)』)。いま京都府木津川市にある墓がそれである。

改葬は平安遷都から三年後のことであるが、それにしても誰が、何のためにこの地に改葬したのか。結論を先にいえば、改葬を申し出たのは施暁であり、亡き百川を身近に供養したいとの思いからであったと考える。

わたくしが注目するのは施暁が先の奏上の翌年〈延暦十二年〈七九三〉〉二月、律師に補任されている事実である。律師とは僧正・僧都に次ぐ僧侶の役職で、諸大寺や僧尼を管理統制する。いわゆる僧綱はこの僧正・僧都・律師で構成されていた。施暁はその僧綱の一員となったのであるが、むろん桓武による抜擢であり、それは前年の奏上と無関係ではない。小林崇仁氏によれば、桓武は奏上を裁可して以降、仏教に対する自身の考えを明示することがきわめて多くなるなど、仏教政策に対して変化が見られるという〈「施暁と梵釈寺」『蓮花寺佛教研究所紀要』第一号〉。施暁の抜擢がその表れの一つで、律師の任命は施暁に対する桓武の期待と信頼を示すものであったといってよい。

ちなみに施暁の任命によって、律師であった等定〈登定とも〉が少僧都に昇進するが、この時、僧正だったのが賢璟であった。後述するように賢璟も等定も、早くから桓武と深い関わりを持つ。なかでも賢璟は皇太子時代の山部親王が病気になった折、中心となって快癒を祈った僧侶であり、平安遷都に際しては、事前に行われた地相調査のメンバーの一人でもあった。また下位の等定は桓武天皇の師範とも言われ、桓武が建立した梵釈寺の実質的な経営者であったという。僧綱は桓武の信頼篤い僧侶で構成されていたわけで、施暁はその一員に加えられたのである。桓武朝における宗教政策は、桓武自身が信頼するこうした僧綱の影響を受けて培われていったが、これについても、後に述べたい。

ともあれ、僧綱のメンバーと桓武とを仲介したのが百川ではないかと推測されたのは小林崇仁氏だが、その可能性は十分にあるとわたくしも考えている。百川は医学的知識を持ち合わせていたのみならず、神事・仏事関係の人脈にも広く通じていた。皇太子時代の桓武が病気になった際、医薬や祈禱などすべてに心力を尽くしたという百川は(宝亀十年〈七七九〉七月九日条)、先の賢璟らと一丸となって平癒祈願をしたものと思われる。

山背国在住の秦刀自女らに山部の立太子を祈願させたという、その施暁の行為は、この百川の存在なくして考えられない。秦氏とも関わりを持つ百川が、在地出身の施暁を促しての誓願であったろう。そうだとすれば、桓武による施暁の抜擢は、間違いなく百川の置き土産であった。

こうした経緯を考えると、相楽郡の土地の下賜を申請し、その地に百川を改葬させたのは施暁以外には考えられない。この前月(延暦十六年〈七九七〉正月)、施暁が律師から少僧都(少僧都等定は大僧都に)に昇進したのも、亡き百川の恩恵による。そんな施暁は、百川の墓が旧京大和に残されたままであることを悼んだに違いない。そこで、少僧都への昇進を機に墓地(百川)を自身の出身地、南山背に移し、菩提を弔うとともにその恩に報いようとした、というのがわたくしの考えである。そこは、秦刀自女らが山部のために誓願した地にもほど近い。施暁にとって百川の墓は、桓武との絆を刻む墓標でもあったのだ。

改葬ということで忘れていけないのが井上内親王である。

井上内親王の改葬

話は桓武の皇太子時代に遡る。宝亀八年(七七七)十二月のこと、時の天皇光仁は井上を改葬し、その墳を「御墓(みはか)」と称して「守冢一烟(しゅちょういちえん)」を置くことを命じている。井上は廃后されたうえ他戸とともに幽閉され、まもなく他戸と同日に没したことについてはすでに述べた。どこに葬られたのか、具体的な場所は分からないが、罪人として扱われた以上、粗末な墓地であったに違いない。それを改葬し「御墓」と称して墓守一戸が置かれることになった。

それより一ヵ月半前の十一月一日、光仁天皇が病床に伏した。翌月(十二月二十五日)、今度は皇太子山部が病気になり、使者を五畿内の諸社に遣わして奉幣(ほうへい)している。井上の改葬が命じられたのはその三日後、十二月二十八日(実施されたのは翌年正月)であったことを考えると、光仁というよりは山部の病気に関わっての措置だったことは間違いない。井上の廃后が山部の立太子を実現させたわけだから、井上の扱いを手厚くして山部の平癒を祈願したのは当然であろう。

山部の病状はかなり深刻だったようだ。「皇太子(山部親王)枕席(ちんせき)安からぬ(病状が思わしくない)」ために、翌宝亀九年の元旦は廃朝(はいちょう)されている。天皇ではなく、皇太子の病気のために廃朝するというのは前例がない。前年来、予断を許さない状態が続いていたのである。三月には東大・西大・西隆の三寺に読経をさせたが回復せず、また「医療を加うといえども平復」せず、そこで病気平癒には「徳政」を施すのがいいというので天下に大赦が行われ、ついで伊勢神宮をはじめ天下の諸神へも奉幣している。山部の病気がいつ回復したかは明らかでないが、この年十月に山部自身が伊勢神宮に参詣し、回復を報謝しているから、その頃には平癒していたようだ。ほぼ七、八ヵ月の間病気に悩まされたことになる。

百川があらゆる手を尽くして皇太子山部の回復を祈願したというのは、この時のことであったと思われる。『続日本紀』に収める百川の薨伝（宝亀十年〈七七九〉七月九日条）には、「今上（桓武）の東宮に居せしとき」とくに心を寄せ、桓武が病気になり数ヵ月も回復しなかった時など、「百川、憂色に形れて、医薬・祈禱備に心力を尽す（百川は見るからに心配そうな様子で、医薬・祈禱などありとあらゆる方策を施した）」と記している。元旦の廃朝も天下の大赦や徳政、神社への祈禱・奉幣も、すべては百川の献策によると見てよい。井上内親王の改葬をいち早く提案したのも百川だったに違いない。井上を廃后し、さらには幽閉・死にまで追い込んだ張本人が百川だったことを考えると、多少の後ろめたさがあったようにも思われる。ただ、その井上に対する処遇が他戸親王にまで及んでいないのを不可解に思うかも知れないが、他戸ならびにその墓についてはこれ以後も対処されること、復権されることは、一度もなかった。ひとえに他戸の血脈に関わる問題であるが、ここでは、そのことを指摘するに留めておきたい。

ともあれ、百川の必死の祈願の甲斐あって、山部は回復した。先の百川薨伝に、「上、是に由りて重みす（天皇はこれによって百川を重んじた）」ともあるから、百川はそれこそ寝食を忘れて回復祈願をしたものと思われる。そして以後、桓武時代を通して、井上に対する扱いは事あるごとに、その処遇が改められていく。桓武にとって、後述する弟早良親王とともに、井上内親王への対処が生涯の課題になっていったのである。

第三章　桓武天皇の登場――「聖武系」の皇統意識

一　高野新笠と高野天皇

能登内親王の死

藤原百川は、山部親王が立太子して六年後に亡くなった。宝亀十年(七七九)七月、四十八歳だった。葬儀費用は朝廷から支給され、京中の人夫が動員されたことについてはすでに述べた。『続日本紀』には光仁について、「薨ずるに及びて甚だ悼惜したまう(百川が亡くなった時、大変悲しみ惜しまれた)」とあるが、永手の時に見せた悲痛な心情とは比較にならない。光仁が百川に対して最後まで心を許していたと、わたくしには思えない。

百川が没した宝亀十年は、称徳のあとを承けた光仁が即位して九年、治政もほぼ安定した頃であった。その年十月十三日、光仁の誕生日を祝って群臣たちに禄を賜っている。天長節は四年前の宝亀六年、当時六十七歳であった光仁の長寿を慶祝する儀式として制度化されたものである。すでに七十一歳の老齢に達していた光仁が、この時点で譲位の意思を固めていなかったとは言いきれないが、少なくとも史料からはまったくその気配を読み取ることができない。しかし、譲位への潮流はすでに起こっていた。

翌宝亀十一年三月、東北で伊治呰麻呂(伊治は「これはる」とも)が叛旗を翻した。詳しくは後述するが、報を受けた政府はただちに藤原継縄を征東大使に任命し派遣している。しかし戦果はいっこうにあがらず、九月になって征東大使を藤原小黒麻呂に改めたが、収拾の見通しさえつかないまま年明けを迎えた。宝亀十二年正月一日、伊勢の斎宮に現れた雲を大瑞とみて「天応」と改元された。気運を盛り上げて、東北における難局を乗り切ろうとしたのであろう。しかし翌二月、光仁は奈落の底に突き落とされたような衝撃を受ける。皇女、能登内親王が亡くなったのである。山部・早良兄弟の同母姉で、四十九歳だった。

光仁の悲しみの深さは、邸宅に使者を派遣して述べられた宣命から、ヒシヒシと伝わってくる。いつになったら病が治って参内し、朕の心を慰めてくれるのであろうか、今日か明日かとずっと待っていたのに高齢の朕を置いて身罷ったと聞いて悔しい、このようになると知っておれば、「心置きても談い賜い、相見てまし物を(そのつもりで心にとめて語り合い、会っていたのに)」、悔しい、悲しい、朕は貴女の情愛を少しの間も忘れることができなくて、声をあげて泣いているとある。そして、後に残した子どもたちについては心配しないように、後のことも気にせずに、心安らかに黄泉に行かれるようにとも述べている。

宣命から察するに、内親王はかねてから病床に臥せっていたのであろう。光仁もその死を覚悟はしていたと思われるが、亡くなったという現実を知るにおよび悲しみが吹き出てきたようだ。わが子に先立たれた哀しさは、今も昔も変わらない。悲痛な叫びが惻惻として胸に迫る。

内親王は施基皇子の曽孫である市原王に嫁し、五百井女王・五百枝王（のち春原五百枝）を儲けていた。夫の市原王は光仁の即位以前に失脚もしくは死没していたと考えられている。子どもたちのことは心配しないで黄泉の道を行くがよい、との言葉には夫を失った娘を思いやる父親としての愛情が込められており、痛いほど心に響く。ただし、桓武はその五百枝王を排斥するようになるが、それは後のことである。

娘の死は老いの身に堪えないわけがない。光仁は、その心労から一挙に体調を崩したものと思われる。翌三月、「ここ一ヵ月ほど安眠できない日が続いている」「治療をしているが、まだその効果は表れない」といい、天下に大赦を行っている。元来光仁は、「風の病」（具体的な病名は不明）に苦しんできたが、能登内親王の死が一挙に光仁を打ちのめしたようである。

翌四月一日、「天皇不予（病気）」によって関所（鈴鹿関・不破関・愛発関）が封鎖・警護されている。「不予」が具体的にどのような状態を意味するのか、明らかではないが、関所を警護させる（固関）というのは、ただ事ではない。これまで天皇や太上天皇の死去、藤原仲麻呂の乱などの事変に際して固関されたのが通例であるが、「天皇不予」によって固関された事例はない。察するに、光仁はほとんど危篤の状態に陥っていたのであろう。

二日後(四月三日)、光仁は譲位した。

譲位の宣命

『続日本紀』は天応元年(七八一)四月三日、光仁天皇が譲位に際して下した詔を収めている。概略は、元来風病に悩み体調も思わしくない、加えて高齢となり余命幾ばくもないので皇太子山部親王に位を譲りたいというものである。ただし、詔のなかで見逃していけないのが「如此(かく)の時に当りつつ、人々好からぬ謀(はかりごと)を懐(おも)いて天下をも乱り、己が氏(うじ)門(かど)をも滅ぼす人等まねく在(あ)り(このような皇位の継受が行われる時には、とかく良からぬ陰謀を企んで天下を乱し、一族一門を滅ぼしてしまう人が多い)」と述べ、謀反乱逆の企てを戒めていることである。譲位に限らず、天皇の代替わりに不穏な動きの生じることは少なくないが、そのことを天皇が譲位に際して教戒(きょうかい)するという例はない。この時点においても、光仁が新天皇山部の即位に対して不安を抱いていたことを物語る。

問題はそれだけでなかった。山部の生母、新笠の出自である。渡来氏族の出身者を母とする天皇は、これまで一人として即位したことがなかったからである。このことに関連してわたくしが興味深く思うのは、新笠の「高野」という名の由来である。新笠ははじめ和新笠といった。当時は父の氏名を名乗るのが慣例であるから、当然である。ところが『続日本紀』によれば、宝亀年間(七七〇〜七八一年)に至り高野朝臣を賜姓されている(延暦八年〈七八九〉十二月条付載明年正月十四日条)。

和氏から高野氏へ

高野といえばすぐに想起されるのが、高野天皇とも称された聖武の娘孝謙(称徳)女帝である。孝謙は生前に出家していたことから諡を持たず、『続日本紀』では一貫して高野天皇と記されている。大和国添下郡の「高野山陵」(現奈良市山陵町)に葬られたことにちなんでの呼称である。

『続日本紀』によれば、称徳女帝が崩御した五日後、鈴鹿王(長屋王の弟)の子、豊野真人出雲ら三人が叙位されている。父である故鈴鹿王の旧宅地が没収されたことによるが、その没収地に造営されたのが高野山陵であった。注目されるのは当時、新笠の父方の一族である和連家主が、高野山陵のある添下郡の大領(郡司の長官)であり、その管理に関わっていたとみられることである。こうしたことから判断すると、新笠の高野賜姓は称徳天皇と連なる立場を求めての措置であり、仲介役となったのが大領の家主ではなかったか。「宝亀年間」と記される賜姓の時期とは光仁時代であるが、それを山部親王こと桓武の立太子前後とわたくしは見ている。

通常、天皇や皇太子に関わる名前は忌避され、同じ名前や文字を持った場合は改名・改字されるのが原則であったが、新笠の場合はむしろ逆に称徳にちなむ名に改姓されている。しかも、賜姓は光仁天皇が夫人である新笠に対して、すなわち天皇から妻へというきわめて希有な例といえる。それだけに作為的なものを感じさせるが、これも他戸に代わって皇太子に立てられた山部の立太子を正当化するための措置であったことはいうまでもない。母新笠を介して称徳、さらには聖武に連なるための擬制的方便だった。しかも、「高野朝臣」の賜姓は新笠と父の乙継(追賜)の二人だけで、賜姓後も他の一族は和氏のままであったことが、きわめて政治性の強い施策であったことを示している(瀧浪「高野新笠と大枝賜姓」『日本古代宮廷社会の研究』所収)。

酒人内親王の入内

山部親王の正統化に関連して、もう一人見逃せないのが酒人内親王である。光仁天皇の皇女で、母は井上内親王というから、廃太子された他戸親王の同母姉になる。気になるのは、母と弟の廃后・廃太子事件の直後、宝亀三年(七七二)十一月、十九歳の酒人が光仁の伊勢斎王に卜定されていることである。神に奉仕するからには飲食・行動を含めた精進潔斎が求められる斎王に、廃后・廃太子された人物の係累が選ばれるなど、通常ではあり得ない。斎王の歴史のなかでも異例であるが、山部親王が翌年正月に立太子されていることから判断すると、卜定が立太子を見据えての布石だったことは明らかで、他戸に次ぐ立場にある酒人を宮廷から遠ざけ、山部の皇位継承を確実にするためであったとしか考えられない。

酒人は卜定後ただちに春日斎宮に移って潔斎生活を送り、宝亀五年(七七四)九月、伊勢へ下向している。ところが伊勢での生活は一年にも満たなかった。翌六年四月、幽閉されていた井上・他戸が急死したことによって任を解かれ、平城京に戻ってきたからである。母と弟が捕らえられたあと卜定され、それから解任まで三年足らずの在任であった。酒人が帰京した時、その二人はもうこの世にいなかった。酒人にとっては、「聖武の血」に振り回された歳月であったに違いない。

わたくしが酒人に注目するのは、帰京後、桓武のキサキになっているからである。具体的な年月は明らかでないが、宝亀十年（七七九）に娘の朝原内親王を出産しているから、キサキとなったのは帰京後間もなくであったろう。桓武よりは十七歳年下であった。酒人の母井上内親王（聖武の娘）をキサキとした光仁と同様に、桓武（当時は皇太子山部親王）もまた酒人内親王を介して聖武天皇と連なったことになる。新笠への高野賜姓に次いでこれもまた、桓武の正統性（天武系・聖武系皇統）を補強する手続きとなったはずである。

酒人は容姿端麗で蠱惑的な女性であったようだ。性格は傲慢でやや情緒不安定なところがあり自由奔放な振る舞いも多かったが、桓武は咎めもせず、ことさら寵愛したという（『東大寺要録』）。井上の娘である酒人に、桓武が憐憫の情を抱いたとしても不思議はない。井上・他戸に対する贖罪の思いが偏愛へと向かわせたのかも知れない。

なお酒人内親王の娘、朝原内親王もその後、父桓武天皇の伊勢斎王に卜定され、帰京後は桓武の皇太子安殿親王（のちの平城天皇）のキサキとなっている。桓武の考えによるものであろうが、桓武が、聖武との繋がりをいかに重視したかということを如実に示している。

ともあれ光仁は山部が立太子した時からあらゆる措置を施し、即位への準備を進めてきたことが知られよう。能登内親王の死が引き金になったとはいえ、光仁の譲位は万全の対策を講じた上でなされたといってよい。

二　早良親王の還俗

即位と立太子

天応元年(七八一)四月三日、皇太子山部親王は光仁天皇の譲位を承けて即位した。桓武天皇の誕生である。四十五歳であった。翌四日には早良親王が皇太子に立てられている。桓武より十三歳年下の同母弟で、この時三十二歳であった。桓武が大極殿で即位の宣命を述べたのはそれから十日ほど後、四月十五日のことである。

一連の即位儀式においてわたくしが留意したいのは、即位とほぼ同時に早良が皇太子に立てられていることである。当時皇太子が立てられるのは早くても即位の数年後というのが通例で、光仁(他戸親王の立太子)の三ヵ月を除き、早良の場合は異例の早さだったといってよい。これは桓武の即位が立太子、すなわち次期皇位継承者を確定してはじめて成就するという認識のあったことを物語っている。それほど桓武の即位には不安定要素がつきまとっていた。譲位に際して光仁が、「皇位の授受が行われる時には、とかく良からぬ陰謀を企んで天下を乱す者が多い」

と憂慮した言葉が改めて想起されよう。

天皇の代が替わる時、政界を揺るがす大事件が起こることを目の当たりにしてきた光仁が、もっとも危惧したのは政治的混乱であった。原因のほとんどが、皇位継承問題をめぐる紛糾であったことも熟知していた。そうした経験から、光仁は即位してわずか三ヵ月後に他戸親王を皇太子に立てたのである。それまでの慣例からいえば超スピードの立太子であったが、桓武の場合はそれが即位と一体化し、桓武を補完する立場として位置づけられたのである。

桓武の即位と同時に早良が皇太子に立てられたのは、多分に光仁の政治的配慮によるものと考えるが、これほど問題を抱えて即位した天皇も数少ない。なお、立太子の時期については、これ以後皇太子制度が整備されたこともあって、平安時代を通して即位と同時期に行われるようになり、やがて即位儀礼に組み込まれていく（表参照）。

早良の還俗にも留意したい。

親王禅師

早良親王は幼い時から仏道を志し、東大寺の等定を師として十一歳で出家、二十一歳（二十二歳とも）で受戒し、その年に東大寺（羂索院）から大安寺（東院）に移住している。神護慶雲二年（七六八）か三年、称徳朝最晩年の頃という。幼くして出家した理由など、明らかではないが、東大寺では法華宗を極め、大安寺に移住後は華厳宗を広めることに尽力している。そんな早良に、東大寺の開山・良弁は臨終に際して華厳宗を伝授し、早良もこれを受けて流布に努

即位と立太子

	即位年月日	立太子年月日　(　)内は天皇名	
奈良時代	持統 687年 9・9		
		軽皇子(文武)	697年 2・16
	文武 697年 8・1		
		首皇子(聖武)	714年 6・?
	元明 707年 7・17		
	元正 715年 9・2		
	聖武 724年 2・4		
		基王(728年9/13　没)	727年 11・2
		阿倍内親王(孝謙)	738年 1・13
	孝謙 749年 7・2		
		道祖王(757年3/29　廃太子)	756年 5・2
		大炊王(淳仁)	757年 4・4
	淳仁 758年 8・1		
	称徳 764年 10・9		
		白壁王(光仁)	770年 8・4
	光仁 770年 10・1		
		他戸親王(772年5/27　廃太子)	771年 1・23
		山部親王(桓武)	773年 1・2
平安時代	桓武 781年 4・3	早良親王(785年10/8　廃太子)	781年 4・4
		安殿親王(平城)	785年 11・25
	平城 806年 5・18	神野親王(嵯峨)	806年 5・19
	嵯峨 809年 4・13	高岳親王(810年9/13　廃太子)	809年 4・14
		大伴親王(淳和)	810年 9・13
	淳和 823年 4・16	正良親王(仁明)	823年 4・18
	仁明 833年 2・28	恒貞親王(842年7/20　廃太子)	833年 2・30
		道康親王(文徳)	842年 8・4
	文徳 850年 3・21	惟仁親王(清和)	850年 11・25

六国史『類聚国史』『日本紀略』による

めたのであった(『東大寺要録』)。

その間のこと、宝亀元年(七七〇)、早良は父である光仁の即位に伴い親王禅師と呼ばれることになる。僧籍をもったまま親王号を称したからで、正倉院文書(写経所関係文書)に「親王禅師」「禅師親王」と見えるのがそれである。東大寺との関係は大安寺移住後も続いていたようで、文書は東大寺をはじめ早良と宗派の僧侶らとの絆の深さを物語るものとして注目されている。その親王禅師である早良が皇太子に立てられた。『東大寺具書』には、早良が華厳宗の血脈に連なったものの、「桓武天皇践祚の後、俗輩(世俗)に還り交わりて、皇太弟に立つ」とあるから、立太子に際して還俗したことが知られる。

それにしても、わざわざ還俗させてまで弟の早良を皇太子に立てる必要があったのか、誰しも疑問に思うであろう。当時、皇位においては嫡系(直系)継承が一般的となっており、この時点で桓武には八歳になる嫡子安殿親王がいた。また弟では早良以外に異母弟の稗田親王(母は尾張女王)や広根諸勝(母は県犬養勇耳)もいた。にもかかわらず、あえて還俗をさせたうえで早良を立太子したのには、よほどの理由があったと見なければなるまい。それは、何か。

ひと言でいえば、天皇としての桓武の正統性を強化するための立太子であったということに尽きる。繰り返し述べてきたように、前例のない渡来氏族出身のキサキ、その息子が即位するなど前代未聞であった。そのために新笠に対しては高野朝臣を賜姓し、ルーツを称徳女帝に連なるように据え付けた。その上で、同じく新笠所生の早良を次期皇位継承者（皇太子）とし、即位と抱き合わせでその正統性を補完し、桓武をガードしたのである。即位の翌日に行った立太子は、最大の奏功を期待してのものといえよう。むろん、これは親王禅師早良に人望があり、また仏教界で広い人脈があったからこそ実現できたものである。しかし、それが逆に、早良の命取りになることを、この時誰が予想しえたであろうか。このことは、のちにふたたび想起することにしたい。

なお、還俗については早良に早くから打診されていたものと思う。先述したように、桓武の即位と早良の立太子とは不可分であり、桓武の擁立は早良の立太子があって完結するというのが光仁の認識であった。そうだとすれば、早良に還俗要請の話が持ち込まれたのは山部の立太子前後だったと推察される。むろん、良弁から華厳一乗を付託されたほどの早良が安易に納得する話ではあるまい。決断するまでには、相当の時間を要したことも容易に想像がつく。

早良の立太子については、光仁の強い意向によるとか、桓武が息子の安殿が成長するまでの中継ぎとして白羽の矢を立てたとか、様々な意見が出されている。しかし、わたくしは以上に述べたことから判断して、早良の立太子は光仁だけでなく桓武自身も強く希望したことであり、だからこそ、因果を含めて説得された早良もそれを受け、諒承したものと考える。

立太子の十日後、春宮坊の人事が発表された。長官である春宮大夫に右京大夫大伴家持が任命された他、皇太子早良の教育係である東宮傅には中納言藤原田麻呂が任じられている。田麻呂は式家宇合の子で、百川の異母兄にあたる。聖武天皇時代のことであるが、もう一人の異母兄である藤原広嗣の乱に連坐して配流され、赦免後、山中に隠棲して仏道修行に専念したという経歴を持つ。その田麻呂が東宮傅に選ばれたのは、還俗した早良を慮っての配慮でもあったに違いない。

話を桓武の即位時に戻したい。

藤原浜成の左遷

春宮坊、次いで皇太夫人となった新笠の家政機関（中宮職）など、新体制に向けての一連の人事が行われた中で、見逃していけないのが藤原浜成の扱いである。浜成といえば高野新笠の出自を問題にし、格が低いことから桓武の立太子に反対したという『水鏡』の記載が想起されよう。その浜成が、即位直後に行われた昇叙から外されただけでなく大宰帥に任じられ、桓武から九州への赴任を命じられたのである（天応元年〈七八一〉四月十七日条）。事実上の左遷であるが、それだけではない。それからわずか二ヵ月後、今度は桓武から厳しく非難され降格処分を受けている（六月十六日条）。いったい、どういうことなのか。

『続日本紀』に見える桓武の非難というのは、「（浜成が）歴る所の職に善政聞ゆること無し。今、委を方牧に受けて、寄、風を宣ぶるに在り。若し懲し粛ましめずは、何ぞ後効を得む（これまで浜成が歴任してきた官職について、善政を行ったということを聞いたことがない。この度大宰帥として赴任したからには人びとを教化するのが務めである。いま彼の怠慢を懲らしめて慎むようにさせなければ、今後の活躍は期待できないであろう)」というものである。その結果、桓武は浜成を員外帥に降格して一切の政務からはずし、それに伴って公廨(給与)の支給を三分の一に、護衛の従者も八人から三人に減らすように指示したうえで、大宰大弐である佐伯今毛人に大宰府の政務をすべて行うように命じている。

浜成にとっては理不尽極まりない非難であり、処分であったといわざるを得ないであろう。大宰府への赴任そのものが左遷であり、具体的な政治活動もないまま二ヵ月後、追い打ちをかけるように、「いま懲らしめて慎むようにさせなければ」といわれて降格処分、しかも一切の政務からはずされたとあっては、最初から浜成が敵視されていたと思わざるを得ない。浜成に対する仕打ちは、しかし、これで終わったわけでなかった。

光仁天皇の死

いっぽう光仁の体調は、桓武に譲位したあとも思わしくなかったようだ。その年(天応元年〈七八一〉)十二月、重態に陥り、三日後(二十三日)に崩御した。七十三歳であった。六日前に皇子の稗田親王(三十一歳)が亡くなっており、そうしたことも光仁の気力を一挙に衰えさせたのかも知れない。

『続日本紀』には、「天皇哀号きたまいて、咽びて自ら止むること能わず(桓武天皇は悲しみ泣き叫んで喉を詰まらせ咳き込み、自分でそれを止めることができなかった)」とある。時に桓武が四十五歳であったことを考えると、人前も憚らずに泣き叫ぶ姿は尋常ではない。抑えきれない悲しみで喉を詰まらせたという桓武に、父への深い愛情をわたくしは感じる。桓武については、父光仁との関係が必ずしも良好ではなかったといった理解もあるが（井上満郎『桓武天皇』）、そうは思わない。桓武は父を慕い、敬愛してきたのであった。

その日、桓武は大宝令（喪葬令）で一年と定めている諒闇（服喪）の期間を三年にして光仁への厚恩を表そうとした。しかし公卿たちが、政務が滞るのはよくないと進言したので六ヵ月と定めた。ただし四日後には、「亡き父の慈恩に背くことになり、いくど慕ってみても二度とお顔を見ることはできない」とも、「終生の痛恨は深く、大恩に対する懐いは痛切である」とも語り、期間を一年に改めている。父に対する恩愛の深さといったものがヒシヒシと胸に迫ってこよう。ただ、この時の改変も、その後災害や異変が続いたことから公卿たちが奏上し、諒闇は翌年（延暦元年〈七八二〉）八月一日に終わっている。結局、服喪期間は七ヵ月だった。

それにしても、光仁に対する桓武の思慕には、父子の情愛を超えたものがある。他戸の廃太子以来、光仁は桓武の即位に向けて憂苦し続けた。そうした父の姿を忘れることができなかったのであろう、哀惜する桓武の心痛を以上のように、わたくしは推察する。

年明け早々（延暦元年正月六日）、光仁は天宗高紹天皇と諡され、翌日、広岡山陵に葬られている。しかし、その間にも桓武を否定する動きが準備されつつあった。

三　否定された即位

川継の謀反と浜成

桓武が即位した翌年（延暦元年）早々、それは父の光仁天皇（前年十二月に没）を広岡山陵に埋葬して一ヵ月ばかり経った頃だった。諒闇に乗じ、桓武朝を否定する事件が相次いで二つも起こっている。

最初が、閏正月に発覚した氷上川継（河継）の謀反である。露見したのは、川継の資人（従者）である大和乙人が武器を持って宮中に侵入しようとしたところを捕らえられ、自供したからである。計画はこの月十日、宮城の北門から乱入し、「朝庭を傾けん」とするものであった。

川継は天武の曽孫である。父の塩焼王（天武の皇子、新田部親王の子）の時、「氷上真人」を賜って臣籍降下している。母の不破内親王は聖武の娘であった。したがって川継は天武の血脈を濃厚に伝えることにおいて、桓武の比ではなかった。その川継が「朝庭を傾けん」と企てたのは、自身の皇位を主張したものに他ならない。計画が発覚したことを知って川継は逃走したが、大和国葛上郡で捕らえられた。

川継の罪は当然死罪にあたるが、桓武にとっては諒闇中であり極刑はしのびないという理由で、死一等を減じて伊豆国三嶋への流罪となった。川継の妻、法壱もこれに同行している。法壱は先の浜成の娘であった。母の不破内親王と川継の姉妹らは淡路国に移配されている。

事件は、結局未遂に終わったが、「川継が姻戚、あるいは平生の知友（知人や友人）」として三十五人が処罰され、左降されている。そのなかには左大弁従三位大伴家持、右衛士督正四位上坂上苅田麻呂といった貴族・官人らも含まれていたから、決して孤立した動きではなかった。こうした反政府の動きにつねに関わるのが大伴氏であるが、この時も一族の長たる立場にあった家持が事件に与同している。奈良時代以来、天皇家と婚姻関係を結んで専権を振るう藤原氏が許せなかったのであろう。その結果、桓武から疎まれ大きな代償を払うことになるが、ここではその家持が事件に連坐して官職を解任されたことを記憶しておきたい。

事件でもう一つ注目したいのが大宰府にいた先述の浜成の処置である。川継を配流した四日後、桓武は大宰府に勅を下し、浜成が川継の岳父にあたるとの理由で参議・侍従を解任している。参議・侍従の職は、浜成が大宰員外帥に降格後もなおそれらを帯していたことになる。むろん、名目的な兼務だったことはいうまでもないが、それすらも解任されたということは、事実上の流罪とみてよいであろう。浜成が大宰府に左遷されたのは半年前であり、川継事件に直接関わったとは思えないが、遡って考えると、大宰府への左遷そのものが浜成の動きを封じるためだったのかも知れない。桓武が警戒したのは、川継の岳父という立場であろうが、そうだとすれば即位当初から、浜成をマークしていたに違いない。まして立太子に反対したという

『水鏡』の記事が事実ならば、桓武にとって浜成は宿怨の敵であった。

三方王の呪詛

ついで三月に起こったのが三方王(御方王、三形王とも)の呪詛事件である。従四位下三方王、正五位下山上船主、正五位下弓削女王の三人が共謀して、「乗輿を厭魅す(天皇をまじないによって呪い殺そうとした)」というのである。三方王は、その経歴から舎人親王の孫ではないかと推測されている。弓削女王はこの三方王の妻で、彼女も舎人親王の孫(父は舎人親王の子、三原王)というから、天武の血脈という点ではやはり桓武の比ではない。ちなみにこの夫婦に加わって事件を起こした山上船主は陰陽寮の官人で、桓武を弑するのに厭魅という方法を選んだのは、おそらく船主の提案によるものであろう。見逃せないのは、三方王も船主も氷上川継事件に関わって処罰されていることで、三方王は日向介に、船主は隠岐介に左降されたばかりであった。桓武を否定する気持ちが、よほど強かったのであろう。川継事件に比して規模は小さく根は浅かったが、三方王も妻の弓削女王も天武系の皇胤であったから、川継事件と一連のもの、皇統を主張した事件と見てよい。三人はそれぞれ死一等を減じられて、三方王と弓削女王は日向国へ、船主は隠岐国に配流された。

なお三方王については、大伴家持と親交が深かったといい、自宅で催した宴に家持を招くこともあれば、家持と宴に同席することもしばしばあり、その折に詠まれた歌が『万葉集』にも収められている(目崎徳衛『平安文化史論』)。家持については、川継事件で一味に加わったとして解官されていたことは前述したが、かつて権勢を振るっていた藤原仲麻呂を暗殺しようと計画したこともあった。そんな家持と親交を持つ三方王が、二度まで反桓武の行動をとった心理も、理解できないことはない。もっとも、家持と親交の深かった三方王と、川継事件などに関わって配流された三方王とは別人であるとの理解もあるが、一連の経緯から判断して、同一人物と見てよいとわたくしは考える。

川継といい、三方王といい、天武の血脈を承けたばかりに担がれ、生涯を翻弄されたのは、運命とはいえ不憫という他はないが、ただ根底には天武の血脈という以上に、桓武の皇位継承に対する異議申し立て、すなわち桓武朝の否定があったことは否めない。

従来の理解

川継事件に続く三方王の厭魅事件、桓武にとって予想されなかったはずはないが、この二つの事件が少なからずショックを与えたことは間違いない。ただし川継事件にせよ、三方王の厭魅にせよ、一過性の事件であり決して根深いものではない。こうした事件は、光仁が譲位に際して案じたように、天皇の代替わりに生じることが少なくなかった。かつて元明女帝が即位した四日後に宮中の警護にあたる授刀舎人寮(じゅとうとねりりょう)が創設されたのもそのためで、現にその元明が亡くなって四十日後、時の女帝元正を否定した事件が起こったのも、それである(瀧浪『聖武天皇』)。天皇や太上天皇(上皇)が没した場合、三関を封鎖して厳戒態勢が取られた理由である(固関(こげん))。ついでに言うと、元明も元正も、その即位は不安定要素をはらんだものであった。元明の場合は皇后（元明は皇太子草壁皇子の妃）でなく、しかも息子文武天皇からの禅譲という点で、また元正は未婚であったという点で、いずれも女帝の伝統を破っての即位であっただけに、反発が大きかったのである。

桓武の場合、即位否定の動きの根底には、生母に対する違和感が根深くあったことを物語る。ただし、事件によって桓武がそれまで抱いてきた皇統意識を覆したわけではない、ということを理解しておく必要がある。擬制的にせよ「高野」新笠となった母を介して、あるいはキサキとなった酒人内親王を介して、立場は聖武・孝謙（称徳）に連なっている。しかも遡れば〝天武の皇子〟施基親王の孫であり、光仁天皇の息子であった桓武は、自身がその〝天武〟の末裔として、聖武から皇統を受け継いだものとの認識を持って即位した。八年間、皇太子の地位にあり、次代の天皇とのコンセンサスは得ていたという自負もあった。天武系皇統であるとの確固たる信念が、依然として桓武を支えていたと考える。

聖武系皇統の誕生

ただしこれまでのわたくしは、相次いで起こった二つの事件（氷上川継・三方王の謀反）を契機に、桓武は天智系皇統の意識に目覚め、それを強く押し出すようになった、それを示すのが長岡遷都であると理解し説明してきた。長岡遷都は絶えて久しい大事業──天智系皇統の拠点としての新しい宮都創りであったと考えてきたのである。しかし後述するように、聖武天皇に対する桓武の扱いや拘りには、無視できないものがある。聖武はいうまでもなく天武の曽孫であり、天武系皇統のなかでも正統中の正統天皇として即位した。血脈のうえで天智の曽孫にあたる桓武が、その聖武を重視するのは、考えてみれば不可解である。しかしこれまでは、そのことをうやむやにしてきたというのが正直なところである。聖武に対する桓武の扱いについては、従来の理解を抜本的に検討し直す必要がある。

後述するように、早良親王の廃太子を聖武天皇陵に報告したり、聖武天皇陵を国家祭祀の対象とするなど、桓武の聖武に対する扱いは非常に重い。これまで誰も思い至らなかったのは不思議であるが、桓武は天皇として聖武に倣おうとしていたフシがある。天武系の天皇として即位した桓武であるが、次第に天武系（＝草壁系）というより聖武系という皇統意識に目覚め、その自覚を強めるようになっていったと考える。具体的に述べる。

聖武系という皇統意識は、わたくしの見るところ、聖武の娘、称徳（孝謙）女帝が死の床でとった皇位継承策に始まる。発端は、聖武時代に遡る。

皇位継承者のいない孝謙女帝のあとの混乱を危惧した聖武天皇は、遺詔（遺言）によって道祖王を孝謙の皇太子に指名した。天武の皇子、新田部親王の子である。没後の皇位継承をめぐる内訌（ないこう）を回避するため、熟慮の末の決断であった。留意されるのはその結果、聖武自らの手で嫡系（草壁系）相承の原理を捨て天武系王族に皇位継承権を拡大したことである（瀧浪『聖武天皇』）。ところが聖武没後、この道祖王は廃太子され、代わって大炊王（のちの淳仁天皇）が立太子され即位したが、その大炊王も藤原仲麻呂の誅殺によって廃位、孝謙が重祚(称徳女帝)する。

結局、孝謙の重祚によって皇位継承問題が振り出しに戻ったわけだが、その称徳が死の床で継承者に選んだのが白壁王だったことは前述した。大事なのは、白壁王を介して聖武の皇子他戸が皇太子に立てられたことで、聖武が断念した草壁嫡系を聖武系(厳密には聖武直系)皇統として存続させることになり、その結果、「聖武皇統」という意識がこれ以後強く自覚されるようになったという事実である。聖武―光仁―他戸への継承が正統化されたことで、天武系=草壁系に代わり聖武の血脈がクローズアップされるようになったのである。

皇統意識において聖武が重視されるようになったのは、むろんこの時が初めてで、その意味は重大である。他戸に代わって立太子された山部親王(桓武天皇)が、自身の立場を父光仁を介して聖武系皇統に連なるものと認識したのも当然で、桓武が聖武の行動に倣い、聖武の扱いを重視したのは無理もない。

大事なことなので再度確認をしておくと、当初、桓武は天武系天皇として即位した。それは聖武を介しての天武系という意識であったが、他戸が立太子されたことで、天武よりも聖武との絆が意識され強調されるようになったのである。したがって桓武が天武系というより、聖武系であるとの自覚を持つのは自然の成り行きだった。

考えてみれば、そもそも桓武は天智系の血脈（天智系皇統）を強調できる立場になかった。それは天智の嫡系でないことである。嫡系は大友皇子で、いうならば大友の子（葛野王）や孫（淡海三船）こそが天智の正系であった。それに天智の血脈という点では、大友皇子以外にも、天智の息子の川島皇子や施基皇子の子、孫なども数多く存在していた。したがって後述するように、天智系皇統の強調は桓武にとって自らの立場や正統性を脅かしかねないものだった。というより、桓武自身、この時点で天智系皇統という血脈を意識することすらなかったのではあるまいか。それほど天武系（＝草壁系）皇統の認識は、奈良時代を通して根深く社会に定着していた。桓武を支えているのはその天武系皇統、厳密にいえば聖武に連なるという立場であり、それは当時の皇統意識や観念に照らしても決して奇異なことではない。

しかし、桓武朝を否定する先の二つの事件が起こった以上、桓武が貴族社会の非難をかわし専制君主としての政治力を発揮するには、強固な国家体制を新たに創出する以外に道はなかったろう。その一つが遷都であった。宅地班給を伴う遷都は、新しい都市空間に諸勢力を集住させ、新体制のなかに編成し直すという意味で、支配者にとってはもっとも効果的な政治行為であった。持統天皇による藤原遷都が、新しい政治体制を作り出すという点で最大の役割を果たしたことを、桓武は承知していたはずである。

皇統と遷都

ちなみに、遷都が持つ政治力学を最大限に利用したのが元明であった。元明は平城遷都を推進することで天皇としてのイニシアティブをとったのだが、もともと遷都は文武が亡くなる四ヵ月前に提唱したもので、当初から元明に託された事業だった。不安定要素をはらんで即位する元明の立場を慮ってのことで、平城遷都を推進することで新京に諸勢力を吸収し、元明体制のなかに編成し直すことができたのである（瀧浪『女性天皇』）。元明にとって遷都は天皇になるための、いわば通過儀礼であった。

　こうした政治的効果を計算して遷都に踏み切った、というより踏み切らざるを得なかったのが桓武である。桓武にとって、遷都は聖武系天皇としての正統的立場を表明する手段であり、そのためには強力なリーダーシップを発揮しなければならなかった。元明は、飛鳥を拠点とする豪族たちの在地性をたちきるために新京（平城京）を大和盆地の北部に遷すだけで事足りたが、生母の出自に不安を抱く桓武の場合、さらに思い切った遷都が必要であったろう。それが大和国を越えた長岡京への遷都だったということである。

造宮省の廃止

　延暦元年（七八二）四月十一日、平城京放棄に向けて桓武ははじめて詔を下した。「いま、宮室は居むに堪える（平城京・平城宮は住むには十分である）」と強調し、そこでこれに関わる役所、造宮省の廃止を打ち出したのである。

　造宮省は八世紀初頭以来、平城京の造営や保守修繕を担当してきた常置の役所である。それを廃止するのは、今後の造都・遷都事業の放棄であり、平城京（宮）にとどまることの表明と理解されることが多い。しかし現実には、なか一年をおいて延暦三年（七八四）、長岡京への遷都が断行された。つまり「宮室は居むに堪える」とは平城京（宮）にはこれ以上手をかけないことを表明したものであり、新たな遷都事業を見据えての決定であった。その意味で、造宮省の廃止は平城京放棄に向けてのきわめて明快な措置といえよう。

遷都へ向けての体制作りは早かった。三方王らの配流を発表したその日（延暦元年三月二十六日）、藤原種継が急遽参議に抜擢されている。種継は当時三十六歳、桓武を擁立した百川の甥にあたる。この種継が遷都の事実上の推進者であったことを考えると、若い種継の参議任命は桓武が断行する遷都への布石だった。造宮省の廃止も、種継の進言によると見て間違いない。そしてもう一人、遷都に向けて桓武に抜擢されたのが和気清麻呂である。清麻呂は五十一歳、遷都の前年（延暦二年三月）に摂津職の長官（摂津大夫）に任命されている。長岡遷都（造都）はこの種継と清麻呂の働きによって実現されるが、詳細についてはやがて明らかとなろう。

桓武が遷都を考え始めた時期は明らかでないが、川継事件とそれにつづく三方王事件がきっかけだったことは間違いない。大和に根付いてきた人びとの意識や伝統を統べ、新たな政治体制を構築するためであった。それが絶えて久しい大事業であったところに、遷都（造都）の持つ大きな歴史的意味がある。

なぜ平城京を棄てるのか

川継事件や三方王事件をきっかけに、自身の正統性を強化し専制君主たろうとした桓武にとって、大和国を越えての遷都（長岡遷都）が必要だったことについては先に述べた。しかし、それはあくまでも桓武の個人的理由である。遷都には天皇なり豪族・貴族らの個人的利害が関わっており、それを断行するには大義名分が不可欠であった。長岡の地に遷都するメリットとともに、なぜ平城京を棄てるのかという棄都の合理的理由付けである。平城京の住民にとってよほどの不都合でもなければ合意と賛同は得られず、遷都は成功しないからである。

ちなみに和銅元年（七〇八）の平城遷都に際して出された元明天皇の詔には、遷都するのは本意ではないが、王公大臣たちの切なる勧め（衆議）も無視しがたく、その意見に従って遷都をするのだとある。遷都は元明の独断専行ではなく、人々の総意によるものであることを強調するのが詔の趣旨だったことは明白である。

翻って桓武の場合、平城京を棄て新たに都を求める大義名分は、何であったのか。それこそが「歴代遷宮」の伝統であったというのが、わたくしの考えである。詳しく述べてみたい。

国家の恒例

話は、桓武のあとを継いだ平城天皇の即位時に下る。『日本後紀』大同元年（八〇六）七月十三日条には、こんな出来事が記されている。三月に即位したばかりの平城天皇が、先帝（三月没）の忌みが明ける（五月に七七の御斎会が行われた）と遷都するのが「国家の恒例」になっていますが、どうされますか、と奏上した公卿らに対して、この都（平安京）は水陸の便もよく殿舎もととのっているので、あえて手を加えるには及ばない、造作をすれば人民の煩いとなるので、このまま旧宮におろうと思う、それで礼を失するものではなかろう、と遷都しないことを表明したところ、これを聞いた公卿らは天皇の決意に賛嘆したという。

公卿らのいう「国家の恒例」とは飛鳥時代、天皇ごとに宮殿が遷された、いわゆる歴代遷宮の慣習・伝統（故実）を意味する。この伝統は藤原京以後でも、宮城内（大内裏内）に殿舎を建て替える、いわば宮内遷宮（遷都）という縮小形態で継承されてきた（瀧浪「歴代遷宮論――藤原京以後における」『日本古代宮廷社会の研究』所収）。両者のやり取りはその伝統を踏まえ、互いに遷都しないことを了解した上での儀礼的なものだったことは明白である。わずか半年前に民苦の根元であるとして桓武によって造宮職が廃止され（第六章第二節「徳政相論」の項参照）、また平城自身、疲弊した諸国の民情視察に力を入れ始めた時である。実際問題として遷都は、望んだとしても不可能であった。

しかし遷都しないことを暗黙に了解した上で、なおそのことを公卿たちが申し出ているのは、遷宮（遷都）の慣習がなお生きており、それが無視できなかったことを示している。歴代遷宮が現実に機能している故実であった以上、無意味な儀礼だったのではない。だからこそ、旧宮にいることにすると表明した平城の決意に公卿たちは賛嘆したのであった。

わたくしがこの記事に注目するのは、もし平城天皇に意思さえあれば遷都が行われたかも知れないこと、しかもそれが、天皇の恣意といったものではなく、「国家の恒例」と観念されていたという事実であり、重みである。

こうした事実を踏まえて判断すると、桓武が平城京を棄てる大義名分は、この「故実」以外には考えられない。平城天皇に対して公卿らが「遷宮」を進言したのも先帝桓武の例に従ったもので、桓武がその伝統に則って遷都したことを体験していたからである。桓武は大和の伝統を否定する手段として、歴代遷宮というわが国固有の伝統を用いのであった。

ただ、遷都の背景には、平城京が首都として不適合になりつつあったことも見逃すべきではない。単に交通や輸送の面だけでなく、生活廃棄物の処理といったことにおいても問題が生じていた。たとえば神護景雲三年(七六九)五月、ある者が、ひそかに求めた称徳女帝の髪をドクロに入れて呪詛するという事件が露見したが、『続日本紀』によれば、そのドクロは「きたなき佐保川(さほがわ)」から拾ってきたものという(神護景雲三年〈七六九〉五月二十九日条)。平城京には大仏鋳造事業が生んだ公害も蔓延していたという見方もある。七十余年の間に平城京は汚れた都になっていたのである。平城京は遅かれ早かれ、棄てられるべき運命にあったといってよい。

平城棄都=長岡遷都は桓武にとって天武系(聖武系)における自身の正統性を誇示し、新たな専制君主として君臨するための政治的なカケであり、まさに天下草創の事業であった。

第四章　平安朝の〝壬申の乱〟——早良親王との確執

一　長岡京を「建てる」

難波宮の解体

それは、平城京の造宮省が廃止されて二年後、延暦三年(七八四)五月のことであった。摂津職から不思議な光景が報告されている。『続日本紀』に、およそ十二センチほどの黒斑(くろまだら)の蝦蟇(がま)がざっと二万匹、それが難波の市の南道から三町(約三二〇メートル)に及んで列をなし、南行して四天王寺(してんのうじ)に入り、走り散ったと見える。

かつて七世紀半ば、中大兄皇子(のちの天智天皇)が断行した難波京や大津宮の遷都に際して、ネズミが大移動したとの報告がもたらされたことがあった(『日本書紀』)。動物の行動に事態の予兆を読み取ろうとする古代人の習性を利用したもので、遷都に向けての一種の人心操作であったといってよい。遷都への批判をかわすためで、それだけ問題を含んでいたことを物語る。

今回の蝦蟇の移動も同様で、遷都を合理化しようとする事前工作に他ならない。遷都に賭ける桓武の意欲が強烈に伝わってこよう。

案の定、早くも三日後には、地相調査のために長岡村に使者が派遣され、遷都事業が開始されている。長岡京は平城京の北にあたる。にもかかわらず蝦蟇はその長岡京ではなく、難波から南の四天王寺に向かったことを奇異に思うかも知れないが、その謎はすぐに解けよう。

それよりも留意したいのは、この蝦蟇の報告を行った摂津職の長官(摂津大夫)というのが和気清麻呂だったことである。清麻呂といえば、称徳天皇の時代、豊前国の宇佐八幡宮から道鏡を天皇にすれば天下泰平になるとの神託が下された、いわゆる道鏡事件が想起される。清麻呂は、道鏡の意にそわない託宣を持ち帰ったために怒りを買って大隅国に配流されたが、光仁天皇時代に許されて帰京し復位した。その後桓武が即位すると、庶務に通暁していたことからその手腕が買われ、抜擢を受けたのである。

清麻呂が摂津大夫に任命されたのは長岡遷都の前年、延暦二年(七八三)三月であるが、その起用は遷都に併行して行われる難波宮の解体作業に当たらせるためであったと、わたくしは考える。

難波宮は古い時代から瀬戸内海のターミナルであり、いわばシルクロードの終着点であった。しかし、天平宝字六年(七六二)四月、安芸国で建造した遣唐使船を難波に廻送しようとしたところ、難波の河口が浅瀬のために座礁するということがあったように、長年にわたる堆積作用で、難波津とそれに付随する難波宮の機能は当時すでに衰えていた。淀川水系に立地する長岡遷都に際して、大和川の河口に位置する難波宮はこうして解体することが決定され、その歴史に幕を閉じることになった。

解体された難波京(宮)の建物は、平城京の諸門をはじめ他の建造物や瓦とともに長岡京(宮)に運ばれ、利用されているが、なかでも政務の中心とされる大極殿や朝堂院(ちょうどういん)は、そっくり難波宮の建物を受け継ぎ、構造や規模はそのままであることが明らかとなっている。旧都の古材を利用するのは遷都の通例であり、難波宮の解体は、当初から予定された作業であった。すなわち、新京の造営を担当する藤原種継に対して、このとき難波京の解体処理にあたり、淀川一帯の開発を進めたのが清麻呂だった。種継が参議に抜擢され、清麻呂が摂津大夫に任命されたのも、そのためである。蝦蟇が難波から南に走り散ったことの意味が了解されよう。それは難波京の廃止・解体を予兆するものだったのである。

長岡遷都(造都)の事業はこの二人の働きをとらえることで、その全体像が見えてくることを見逃してはいけない。

造長岡宮使の任命

清麻呂から蝦蟇の大移動の報告を受けて三日後、五月十六日、地相調査のために中納言藤原小黒麻呂、同藤原種継ら八人が乙訓(おとくに)郡長岡村(現長岡京市)に派遣されている。「都を遷さんが為」であった。桓武が遷都の意思表示をした最初である。桓武は前年（延暦二年）十月に交野(かたの)（河内国(かわち)）に行幸し、遊猟を楽しんでいる。狩猟好きの桓武であるが交野は初めてで、四日間滞在している。百済王一族の本拠地で、長岡村の南にあたる。地相調査が行われたのは半年後だから、遊猟に託して桓武は長岡京地を視察したと考えてよい。

六月十日には、「都城を経始(けいし)し、宮殿を営作」するための造長岡宮使が任命された。藤原種継以下十数名であるが、このうち、種継・佐伯今毛人・紀船守の三人は先の地相調査にも参加した人物である。事業の中心が種継であることは明白である。種継については前述したように、叔父百川亡きあと、「天皇甚だ委任して中外の事、皆決(けつ)を取る」といわれたほど桓武の信任を得ている。その薨伝に、「はじめ首(しゅ)として議を建て、都を長岡に遷さんとす」と見えるから、長岡造都を建議したのは種継だったことが知られる（延暦四年〈七八五〉九月二十四日条）。

長岡京の造営に際して設けられたこの「造（長岡）宮使」の組織は、平城京の、先に解体された造宮省とは異なっている。

平城京で設置された造宮省は、和銅元年（七〇八）、藤原京の造営を推進してきた造宮職が昇格されたもので、先に述べたように、延暦元年（七八二）四月、桓武によって廃止されるまで、長官以下、定められた数の官人がそれに所属し、施設の保守修理など常時職務に当たってきた。これに対して長岡遷都時に設けられた造宮使は臨時的な組織で、官人についても専任官ではなく兼官（臨時の官職）である。すなわち必要に応じて人材を任命し、事業が終われば解散しおのおのは本官（本職）に戻るという、臨時の兼官体制である。

常設の官であった平城京の造宮省では、定員や職掌などが固定されていたのに対して、兼官による造宮使体制は組織的に柔軟であり、事態に即応し適切かつ実効ある活動が可能であったことが、もっとも大きな特徴である。これが、違いの第一である。

第二は、平城京造宮省には長官に軍事関係者が任命されていることである。遷（造）都はいつの時代でも、政治的緊張の伴う大事業であった。遷都に先立ち世論操作が行われたり、必ずといってよいほど武器が新都に移されている。工事の責任者（長官）に軍事関係者が抜擢されたのはそのためである。のちに平城太上天皇（上皇）によって平城還都が企てられた際、嵯峨天皇側の差し向けた造宮使の一人に、武人として知られる坂上田村麻呂が含まれていたことが想起されよう。それが長岡京の場合、種継が軍事担当者（左衛士督）であっただけでなく、現任の式部卿であったことが留意される。文官人事を担当する式部省の長官でもあった。

造長岡宮使には種継以外でも、木工頭を務めた石川垣守など建築・造営関係者が少なくない。なかでも知られるのが佐伯今毛人で、今毛人はかつて東大寺の創建と大仏造立という大事業を十四年にわたって推進した、典型的なテクノクラートである。東大寺造営の際、「催検を領りて、頗る方便をもって役民を勧め使う（工事現場を任され、非常に巧みな方法で労働者を使役した）」

と聖武天皇から褒められたことがある（延暦九年〈七九〇〉十月三日条）。後述するように、長岡京の場合、遷都の日時が先に決まっていたこともあって、何よりも工事の迅速性が優先された。今毛人は、この時すでに六十歳を超えていたが、造宮使に選ばれたのは、その実績と力量が期待されたものと思われる。

朔旦冬至

藤原種継が陰陽助の船田口らを伴い、はじめて長岡村の地を視察したのが延暦三年（七八四）五月十六日、種継らが造長岡宮使に任命されて造営に着手したのが翌六月十日、そして桓武はこの年十一月に早くも遷都している。造営の開始から遷都まで、わずか五カ月でしかない。これほどまでに迅速さが求められたのは、年次の選択に関わる問題があったからだった。

延暦三年は甲子の年、すなわち万事が改まるとされる「甲子革令」の年であり、遷都するにはもっともふさわしい。桓武は平城京棄都を決断した時から、この年次を強く意識していたはずである。加えて遷幸の日とされた十一月一日も「朔旦冬至」といって、一日（朔日）が冬至に当たるという、それも十九年に一度しか巡ってこない縁起のよい日次であった。勅を下して、「十一月朔旦の冬至は、是れ歴代の奇遇にして、王者の休祥なり。朕、不徳なれども、今に値うこと得たり（十一月一日が冬至に当たるのは歴代の中でもめったにない巡り合わせであって、王者の吉祥である。私は不徳ではあるが、その吉兆に巡り合うことができた）」と述べている。

予定する遷都の年次まで、あまりにも短期間であることを承知で遷都を推進し断行したところに、桓武の並々ならぬ決意が読み取れる。むろん、種継らの後押しもあってのことだが、桓武にとって天皇としての威信をかけた遷都だったからである。

寺院の切り捨て

平城棄都が蒼惶（そうこう）の間に行われたとして、これを疑問視することも多いが、そうではない。桓武の強固な政治的決断によるものであったことは、これ以前の遷都で必ずみられた寺院の移転が長岡京では、その形跡が認められないことにも示されている。長岡京に寺院を移転する計画は当初からなかったと考えてよい。ただし長岡京内には乙訓寺（おとくにでら）をはじめ遷都前から存在していた七ヵ寺が確かめられているから、桓武が切り捨てたのは平城京寺院だったということである。

寺院勢力、厳密にいえば奈良仏教の勢力を排除することが、長岡遷都にこめられた重要な目的の一つであった。

ただし注意しておかねばならないのは、桓武は奈良の寺院勢力を抑圧はしたが、仏教そのものを否定したわけでないことである。くどいようであるが桓武が否定したのは、あくまでも奈良仏教であり、政治に介入する奈良僧侶たちの勢力であった。仏教を朝廷（桓武）主導で把握すること、そこに桓武の強いメッセージがあった。

こうしたことを含めて、それまで長年にわたって続いた藤原京・平城京を棄て、それも大和国から山背国(長岡京)へ遷都をすることに、人びとの反対は当然予想された。遷都を前にして延暦三年十月、平城京の左京・右京にそれぞれ鎮京使が任命されているのも京中の治安維持のためである。また平城京中に盗賊が横行し、放火や略奪が多発しており、桓武はそれらを厳しく取り締まるように命じている(十月三十日条)。平城京の騒然とした状況が伝わってこよう。

桓武とて、不安がなかったわけではなかろうが、延暦三年十一月、予定通り長岡遷都を断行した。ただし、桓武が長岡宮に移幸したのは一日(朔旦冬至)ではなく十一日であった。延期は桓武の皇后藤原乙牟漏の母である阿倍古美奈(中務大輔阿倍粳虫の娘。内大臣藤原良継と結婚して乙牟漏を生む)が亡くなったことによる(十月二十八日没)。乙牟漏と中宮高野新笠は桓武の遷幸に同行せず、二人が長岡京に移ったのは十一月二十四日であった。

この年十二月二十九日、摂津国の正三位住吉神を従二位に昇叙している。半年前の六月にも勲三等に叙されている。いうまでもなく住吉神(社)は難波宮を擁する摂津国の在地の神社であり、時期から判断して叙勲・叙位は難波宮の解体移建による奉斎とみてよい。したがってこの措置も、時に摂津大夫であった和気清麻呂の進言によるものであったろう。

都を「建てる」

それにしても、新しい都が山背国の長岡の地に求められた理由はなんであったのか。

古くから、桓武の母(新笠)の実家が長岡に近い山背国大枝にあり、桓武は少年時代をその地で過ごしたことが長岡遷都の要因であったという理解がある。しかし新笠もその両親も、生活圏は大和にあったと考えてよい。『延喜諸陵寮式』によれば、新笠の父、和乙継の墓（牧野墓、大和国広瀬郡にあり）も母の真妹の墓（大野墓、大和国平群郡にあり）も、ともに大和国にあったとする。当時の慣例に従いその居地に葬られたもので、それは乙継や真妹の生活圏が大和にあったことを物語る。したがって新笠が大枝に住んだことも、まして幼少期の桓武がその地で過ごした可能性も皆無であり、右の理解は成り立たない。

遷都については延暦六年（七八七）十月、桓武自身が、「朕、水陸の便あるを以て、都をこの邑（長岡村）に遷す」と述べ、翌年九月の詔にも「水陸の便有りて、都を長岡に建つ」と見えるように、最大の理由が交通上の利便さにあったことは間違いない。

長岡の地は山陰道・山陽道、さらには東海道に通じ、とくにそのすぐ南で葛野川・宇治川・木津川の三河川が合流して淀川となり、難波湾にそそぐ。大河川に直結し、陸運以上に水運の利便を有していたことが決定的な理由であった。その点平城京は、北に木津川があるとはいえ直結しておらず、首都としては不適合になりつつあった。それ以外の面でも平城京には問題が生じていたことは前述した。その意味で、長岡京の地は首都として適地であったのだ。

長岡京（遷都）に賭ける桓武の意気込みを感じるのは、「建都（都を建てる）」という言葉である。当時、国の分割や郡の新立などを「国を建つ」「郡を建つ」とする表記は正史にしばしば見られるが、「建都」は桓武天皇（とその時代）だけである。たとえば延暦四年（七八五）五月の詔では、「それ山背国は、皇都を初めて建て、既に輦下（天子のおひざもと）たり」といい、延暦七年では、「水陸の便有りて、都を長岡に建つ」と述べている。もっとも後者の場合、前年十月の詔には、「朕、水陸の便あるを以て、都をこの邑に遷す」とあるから、「遷都」と「建都」を明確に使い分けていたとも思えないが、しかし「建都」の語には、以前とは一線を画し、いかにも新しい都を創るといった気迫を読み取ることができるように思う。

桓武にしてみれば、決して大和から離脱したのではない。まして天武系（聖武系）皇統である立場を否定し、捨てたわけでもない。事実はその逆で、天武系天皇としての新たな天下を草創するために、大和を切り捨てたのである。

山背に新しく「都を建てる」事業は、こうしてはじまった。

二　種継暗殺事件

陥れられた魚名

種継の昇叙が天応元年（七八一）、桓武の即位直前あたりから急速に目立つようになることについては、すでに述べた（前年十二月に正五位下、この年正月に従四位下、四月には桓武即位に伴い従四位上など）。異常とも思えるほどの昇進ぶりである。桓武が即位した翌年にはたちまち参議、次いで従三位に栄進している。種継に対する信任は厚かった。むろん、百川の余光だけではない。種継の強烈な野望と執念あっての栄進だが、その蔭で犠牲になったのが藤原魚名であった。

藤原魚名は房前(北家)の五男、永手の異母弟である。桓武の擁立に尽力した良継(式家。百川の異母兄)が亡くなったあと、宝亀九年(七七八)、藤原氏の最長老(時に五十八歳)として、光仁天皇から内臣に抜擢されていた。留意されるのは、ほどなくしてその呼称が「忠臣」に改められていることで、次いで内大臣に任じられると、事実上政務を主導したという(延暦二年七月二十五日条)。光仁の信任ぶりをうかがわせるが、それは魚名が永手らとともに光仁擁立に奔走したひとりだったからである。光仁即位以後、急速に頭角を現したのもそのためである。

桓武は即位当初、父の光仁同様、魚名に格別の信頼をおいていた。即位から数ヵ月後、当時太政官の筆頭であった右大臣大中臣清麻呂が致仕(引退)するや魚名(この時内大臣)を左大臣に任命し、それによって魚名が政権を担うことになったのである。桓武の期待が魚名にあったことを物語っている。その魚名が延暦元年(七八二)六月、突如左大臣を罷免され、大宰府へ左遷された。『続日本紀』には、「事に坐せられて大臣を免ぜられる」とあり、氷上川継事件に連坐しての左降と考えられている。

左遷を命じられた魚名は、大宰府へ下向途中、摂津で発病する。そのため摂津にあった別荘で療養することを許されたが回復せず、翌延暦二年五月、都に召還された。しかし帰京から二ヵ月後、魚名は没した。六十三歳であった。

川継事件に魚名が関わっていたかどうか、真相は明らかでないが、誰しも不自然に思うのは、魚名が左遷された時期であろう。川継の謀反計画が発覚したのはこの年閏正月で、魚名に左遷命令が出されたのが六月、事件から五ヵ月が経ち、関係者が逮捕・処罰されたことによって事件はすでに解決したはずであった。そんな経緯から判断すると、魚名の左遷は仕組まれたものであり、そのために川継事件が口実に利用されたとしか思えない。

この一件について気になるのが桓武の措置である。魚名が亡くなって五日後(七月三十日)、桓武は詔を下し、「魚名は祖父不比等や父房前以来、代々功績があり、忠義を尽くして君に仕えてくれた。これは決して忘れることはない」と述べて、魚名に本官であった左大臣を贈り、名誉を回復させている。しかもこの時、桓武は免官左遷処分に関する一連の詔勅官符(しょうちょくかんぷ)類を焼却するように命じている。左遷関係の書類一切を「焼き却(す)つべし」との桓武の命令は、ただごとと思えない。書類の滅却によってすべては謎となってしまったが、魚名と事件との関わりや桓武の対処が記されていたに違いない。焼却したのは後世に残さないようにするためで、魚名に対して後ろめたさがあったからではないか。もうすぐ起こる種継暗殺事件においても、桓武は関係記事を削除している(後述)ことを重ねて考えると、断罪した天皇としての是非を疑いたくもなってくる。

魚名の左遷に関連することとして注目したいのが、種継の参議任命である。延暦元年(七八二)の氷上川継事件(閏正月)、それに続く三方王事件(三月)で首謀者ならびに関係者が処罰されたその日(二十六日)の人事によるもので、その結果、種継は議政官の仲間入りを果たしている。しかもこの日は種継一人だけのいわば特別人事であったから、二つの事件に関わっての恩賞だったことを思わせる。具体的なことは一切不詳であるが、間違いない。

種継の野望

種継の参議就任が大事だと思うのは、翌四月、桓武は平城京の造宮省を廃止しているからである。前述したように造宮省の廃止は新たな遷都事業(長岡京への遷都)を表明したもので、したがって一ヵ月前の種継の参議抜擢は、明らかに遷都を見据えての任命であった。長岡遷都が種継の発議だったことを考えると、造宮省の廃止も種継の進言に違いない。すなわち種継が、即位早々に起こった二つの事件を奇貨として桓武の信頼を勝ち取り、平城京の放棄を決断させたというのが、わたくしの考えである。

長岡遷都に至るこうした経緯から魚名事件を考えると、思いがけない事が見えてくる。

一つは、魚名が突如左遷されたのが造宮省の廃止から二ヵ月後であること、二つは、左遷の一週間後(六月二十一日)、種継が正四位下に昇叙されていることで、事件の背後に種継の野望が見え隠れするのである。後者の種継昇叙についていえば、この日は種継だけの人事ではなかったが、種継は前年に従四位下に昇叙されたばかりで、二階級もの栄進（従四位下↓正四位下）は特別の恩恵であったことを示している。

確認しておくと魚名の左遷は、造宮省の廃止が公表され、長岡遷都への準備作業が本格化しつつあった矢先の出来事であった。当然ながら遷都の中心人物は発議者である種継であったが、事業は政界のトップ、左大臣魚名の協力なくして進められるものではない。しかし光仁朝以来、政界をリードしてきた魚名が、遷都を手放しで支援したとも思えない。まして大和国を棄てる長岡遷都には、貴族たちの反対が当然予想されたろう。察するところ、魚名は、桓武に接近して遷都を主導する種継に批判的だったのではないか。この推測が正しいとすれば、嗅覚の鋭い種継が魚名の動きを察知しないはずはない。それに、種継は魚名に対して嫉妬さえ覚えていたフシもある。魚名の経歴である。

前述したように、永手没後、北家の中心的存在となった魚名は、光仁天皇の信頼を得て大納言から内臣に就任、しかもその内臣は忠臣と改称され、政界を主導したのである。そもそも内臣という特別職は永手没後、北家を抑えて藤原一門の代表となった式家の良継が苦慮して築き上げ、勝ち取ったポストだった（三五頁）。魚名はそのレールに乗ったにすぎない。これ以前、魚名に格別の功績があったわけでもない。良継・百川亡き後、式家の代表格となっていた種継にしてみれば、式家を踏み台にして頂点に立った魚名に、怒りすら覚えたかも知れない。

種継はかねてから魚名を追い落とす機会を狙っていたのではないか。まして、その魚名が種継を非難し、遷都を批判するような言動を取ったとしたら、種継の怒りが頂点に達したとしても不思議はない。魚名を追い落とすのに、川継事件ほど打ってつけの口実はなかった。桓武の脳裏には、事件の衝撃がなお強く残っていたはずである。そこで左遷を画策し、一挙に実行に移したというのがわたくしの考えである。

事件の真相は明らかでないが、川継事件から五ヵ月後の左遷という不自然な出来事を、以上のように理解する。魚名の息子たち、鷹取(たかとり)・末茂(すえしげ)・真鷲(まわし)らも同時に左遷され、魚名流だけでなく北家は大きなダメージを受けたことはいうまでもない。

桓武は寵臣のひとり、魚名を失った。左遷が病死の引き金になったかどうかは別として、魚名に対して下した厳しい処置を、時間の経過とともに桓武も悔いるところがあったのだろう。忠義を忘れはしないと述べて魚名の名誉を回復させた先述の詔には、魚名に対する複雑な感情が入り交じっているように思われる。

種継、落命す

種継は魚名を排斥して桓武天皇の第一の寵臣となった。そもそも種継と同い年（天平九年〈七三七〉生まれ）ということも、桓武に親近感を抱かせた理由であったのかも知れない。その種継の進言によって延暦三年（七八四）十一月、桓武は平城京を放棄し長岡京に遷都した。しかし翌年、大事件が起こる。工事を主導してきた種継が暗殺されたのである。

延暦四年の秋、九月二十三日の夜のこと、造宮長官藤原種継が工事現場を視察中、何者かに矢で射られた。この時、桓武天皇は長岡京にはいなかった。斎王に卜定(ぼくじょう)された娘の朝原内親王が精進潔斎を終え、伊勢に向かうのを見送るために平城旧宮に出かけていた。知らせを受けた桓武はいそぎ長岡に戻ったが、種継はすでに事切れていた。即死ではなく、いったん自邸に運び込まれ翌日に亡くなったようである。時に種継は四十九歳であった。『日本紀略(にほんきりゃく)』によれば、「両箭(りょうせん)、身を貫(つらぬ)きて薨(こう)しぬ」とあるから、二方向それも至近距離から放たれた箭(や)が致命傷になったのである。

ただちに桓武は、大伴継人(つぐひと)・同竹良(つくら)ら容疑者数十人を逮捕し、処罰した。大伴氏一族の犯行ととらえて、氏族の代表的立場にあった大伴家持についても官位(中納言従三位)を剝奪している。家持は事件の二十日ほど前に没しており、まだ遺骸も埋葬されてはいなかった。激怒する桓武の形相が伝わってくる。それればかりか、累は皇太弟の早良親王にも及び、二十八日、乙訓寺に幽閉され、ついで廃太子したのち淡路島への配流が命じられた。しかし、早良は自ら食を断つこと十日余り、淡路へ移送される途中、高瀬橋(淀川中流に架けられた橋、大山崎の辺りか)のほとりで絶命した。それでも桓武の怒りは解けず、遺骸は舟に乗せて淡路島へ運ばれている。

『日本紀略』によれば、この事件は大伴家持、同継人を中心とする人びとが皇太弟早良親王と示し合わせて種継を殺害、朝廷を傾けて早良を擁立しようと企てたもの、というのが捜査の結論であった。事件の関係者に春宮坊職員が多かったことは、早良の周囲にそうした雰囲気のあったことを思わせよう。また造東大寺司（ぞうとうだいじし）を兼任するメンバーが少なくなかったことも、東大寺と深い関わりがあり造東大寺司に大きな指導力と発言力を持っていた早良の関与をうかがわせる。しかし正直なところ、早良自身が直接関与したかどうかは、分からない。

空白の一ヵ月

種継殺害事件の原因については、早くから多くの見解が出されている。種継と反目する早良親王一派が企てたといった見方から、種継が主導する長岡遷都に対する反対声明、桓武の嫡子安殿親王と早良とをめぐる皇位継承の対立など、様々である。しかしわたくしの見るところ、いずれも決定的な根拠があってのものではない。確かなのは、桓武と早良との関係が、決して良好だったとはいえないことであろう。

早良が東大寺から大安寺に移り、父光仁の即位によって親王号を与えられたこと、しかしその後も還俗せず、「親王禅師」と呼ばれて、東大寺の初代別当（べっとう）良弁の後継者に指名されてからは、同寺を代表する立場となったこと、などについてはすでに述べた。こうした「親王禅師」早良が兄桓武の即位により、はからずも還俗して皇太弟となったのは、父光仁の強い希望によるものであり、桓武にしても望む立太子であったことなども、前に触れた。

早良の立太子は桓武の出自を補完する以外に、仏教界の動きをにらんでの布石といった意味

藤原種継暗殺事件の関係者

人名	おもな官職	処罰
早良親王	**皇太弟**	流罪(淡路) 廃太子
五百枝王	右兵衛督・越前守	流罪(伊予)
大伴　家持 (延暦4年8・28没)	従三位中納言・**春宮大夫**・陸奥按察使鎮守将軍	官位剝奪
大伴　継人	左少弁・近江介	死罪(斬首)
大伴　真麻呂	主税頭	死罪(斬首)
大伴　竹良	**春宮少進**	死罪(斬首)
大伴　湊麻呂	?	死罪(斬首)
大伴　夫子	大和大掾・造東大寺司少判官	?
大伴　永主 (家持の子)	右京亮?	流罪(隠岐)
大伴　国道 (継人の子)	?	流罪(佐渡)
藤原　雄依	大蔵卿	流罪(隠岐)
紀　白麻呂	**春宮亮**・伯耆守・元造東大寺司次官	流罪(隠岐)
林　稲麻呂	**春宮学士**・造東大寺司次官・備前介	流罪(伊豆)
佐伯　高成	**春宮少進**	死罪(斬首)
多治比　浜人	**春宮主書首**	死罪(斬首)
伯耆　桴麻呂	近衛衛士	死罪(斬首)
牡鹿　木積麻呂	中衛衛士	死罪(斬首)

太字は皇太弟と春宮坊職員，下線は造東大寺司職員．『日本紀略』による

もあったろう。しかし、桓武と早良との関係にミゾが入るのは時間の問題で、次第にギクシャクし始めていったことは、十分に考えられる。『水鏡』に次のような話が収められている。

桓武の即位当初、天皇から政治をまかされていた早良親王は、佐伯今毛人を抜擢して参議に任命したが、種継はこれに反対して親王と対立、種継に味方した桓武は今毛人を参議からはずし三位に叙した。これを聞いた早良は、種継の命をもらいたいと申し入れたが桓武は聞き入れず、あまつさえそれまで委ねていた実権も早良親王から奪い取った、というものである。

今毛人は前に述べたように造長岡宮使のメンバーで、長年東大寺の造営に関わった経験もある。すでに六十歳を超えていた今毛人を造宮使に加えたのは、種継が今毛人の力量を見込んでのことだった。その意味では右の伝承には疑わしい点もある。しかし奈良の寺院勢力の抑制を一つの目的とする長岡遷都を断行した桓武にしてみれば、東大寺なり南都と因縁の深い今毛人や早良親王との間には、必ずしも融合しきれない感情があったように思われる。『日本三代実録(にほんさんだいじつろく)』には、暗殺の実行犯の一人、大伴継人について、「延暦四年、皇太子(早良親王)のために」大伴竹良と共謀して種継を射殺したとある(貞観(じょうがん)八年〈八六六〉九月二十二日条)。事件から八十年ほど経っての記事ではあるが、早良の敵対者が種継であり、種継が早良の立場を脅かすとみて起こされた事件であったことを推測させよう。といって、具体的なことは何ひとつ明らかではなく、もどかしいが、少なくとも早良を中心とする一派が形成されていたこと、彼らが種継を敵視していたこと、だけは確かである。朝廷におけるそうした対立の雰囲気は、むろん桓武自身も感じていたに違いない。

それよりも、種継事件でわたくしが気になるのは、平城京へ出かけた桓武の行幸がじつに一ヵ月にも及んでいることである。斎王の朝原内親王が、桓武が溺愛した酒人内親王との間に生まれた娘であったにせよ、一ヵ月というのは長すぎる。これまで誰も言及していないが、長岡遷都を断行したばかりという大事な時、天皇の長期不在は不可解としか言いようがない。

すなわち桓武は八月二十四日に長岡を出発、九月七日に伊勢斎宮に下向した朝原内親王を見送ったあとは、翌八日、水雄岡(みずのお)に遊猟したことが知られるだけで、以後、報を受けて長岡京へ戻る(九月二十四日)までの二十日間、その行動はまったく分からない。分からないと言えばもう一つ、桓武は朝原が伊勢へ向かう二週間も前に平城宮に出かけている。旧京を視察した様子もなく、この間の行動についても把握できない。事件が起こるまでの一ヵ月、桓武は平城旧宮で何をしていたのか。まるで何かが起こることを〝期待〟しているかのような空白の一ヵ月である。まさか関係記事を削除したということはあるまい。

むろん、これはあくまでも推測でしかない。しかし先に述べたように、朝廷内での対立の雰囲気を感じ取っていた桓武に、少なくとも不在に乗じて事件が起こる予感はあったはずである。そうでなければ一ヵ月もの間、長岡京を留守にするわけがない。

じじつ、事件は起こった。もっとも、寵臣の種継が暗殺されるとまでは思ってもいなかったろう。せいぜい、対立派すなわち早良を取り巻くブレーンたちを炙(あぶ)り出すというのが、桓武の想定したところではなかったか。当初は早良親王の立太子を望んだ桓武であったが、次第にわが子安殿親王(この時十二歳)を後継者にしたいと願うようになっていったとしても、不思議はない。まして早良や春宮坊関係者が寵臣種継と対立するようになったとすれば、桓武に危機感を抱かせることにもなったはずである。早良に対する猜疑心が芽生え、それが増幅されていったことも予想されよう。

桓武はこの事件によって、はからずも早良を追放する絶好の機会を得ることになる。運命とはいえ、兄弟の明暗を分けることになったこの事件は、歴史の機微としか言いようがない。早良に身命の危険がヒタヒタと忍びよりつつあった。

免責された藤原是公

種継暗殺事件は様々な人を巻き込んで展開したが、事件後の処遇において対照的だったのが藤原是公(これきみ)と、五百枝王(いおえ)・藤原雄依(おより)の二人である。是公が責任を追及されなかったのに対して、五百枝王と雄依の二人は流罪となっている。いずれも事件との関わりは明らかでない。にもかかわらず、罪を問われずにすんだ是公と、連坐の責任を負わされた五百枝王・雄依。何が運命を分けたのか、まず是公について述べてみる。

種継事件における是公の立場についてはこれまで誰も触れることがなく、考えようともしなかったが、桓武が平城京へ出かけたあと、「皇太子と右大臣藤原朝臣是公・中納言種継らと並びに留守と為り」とあるように、早良親王・種継らとともに留守官として長岡京に残っていたのが右大臣是公であった。しかも、この時左大臣は空席であったから、是公は太政官のトップの地位にあった。

桓武の留守の間、国政の代行者とされた早良親王が、自身が暗殺事件に直接関与したかどうかはともかく、責任を追及されるのは当然であろう。しかし、太政官のトップである是公については不問に付されている。いったいどういうことなのか。

是公は南家武智麻呂の三男、乙麻呂の嫡子である。桓武の皇太子時代、春宮大夫として仕えたことから即位後急速に昇進し、延暦二年(七八三)七月、右大臣にまで昇りつめている。前年六月に中納言から大納言に任じられたばかりであった。

桓武は、長岡遷都の二ヵ月前に平城京の是公邸に行幸して宴飲し、三男の弟友に従五位下を授けており、重用ぶりを思わせる。その背景に是公の娘、吉子が桓武のキサキとして入内し、伊予親王を儲けていた(延暦二年)ことも無関係ではない。親王は成長するにつれ風雅を愛したが、そんな親王を桓武はことさら寵愛したという。結局、そのことがのちに、この母子の命取りになるが、それはさておき、わたくしが腑に落ちないのは、そうした立場にいた是公の責任問題である。

立場（右大臣・中衛大将）からいっても、「時務を暁習して、判断滞ること無し（その時に応じた政務に通暁しており、手際よく判断して仕事が停滞することがなかった）」（延暦八年九月十九日条）という是公の政治能力から判断しても、長岡京に戻った桓武に対して現況をつぶさに報告したはずである。それなのに、事件前後の是公の動静がまったく分からないのである。

しいて推測するならば、事件の四日後（九月二十七日）、是公の二男である雄友が左衛士権督に任じられているのが、是公に対する密かな恩賞と考えられなくもない。左衛士督は暗殺された種継が任にあった官職で、雄友がその後任に抜擢されたのは父是公に対する褒賞としか思えないからである。「権督」であったのは、督（種継）の死没直後だったことによるもので、雄友は翌五年二月に左衛士督に任命されている。むろん、確証のあることではないが、この見方が生かせるならば、桓武に対してなされたのであろう是公の証言は早良寄りのものではなく、むしろ桓武にとって、それが早良を追放する絶好のきっかけになったということである。

五百枝王と藤原雄依の流罪

これに対して事件の犠牲となったのが五百枝王と藤原雄依である。二人は桓武や皇后乙牟漏の縁戚にあたる。

五百枝王の父は市原王（施基皇子の曽孫）、母は能登内親王（光仁天皇の娘）である。能登内親王といえば、かつて、子どもたちのことは心配しないで黄泉の道を行くがよいと言った光仁の言葉が想起されよう。したがって五百枝王は桓武・早良兄弟の甥にあたる。そんなことから桓武の即位後、天応元年（七八一）に二世王（皇孫）とみなすことが許され、桓武の侍従に任官されている。事件が起こった時は従四位上、右兵衛督（うひょうえのかみ）で侍従・越前守を兼ねていたが、事件に関係ありとして、死罪を減ぜられ伊予国に配流された。

いっぽう藤原雄依は永手（北家）の二男、母が良継（式家）の娘で乙牟漏の姉妹、すなわち乙牟漏の甥にあたる。父永手といえば光仁天皇の擁立に尽力した功臣であり、そうした関係から雄依も順調に昇任、光仁朝に引き続き桓武朝でも昇進を重ねていた。事件当時は正四位下で大蔵卿であったが、五百枝と同様、関係ありとして隠岐国に流罪となっている。

二人が事件に加担したかどうか、正直なところ分からない。逮捕者の多くが春宮坊職員や造東大寺司の役人であったことから、早良の周囲に種継（桓武）に対する反発的な雰囲気があったことを思わせるが、二人がそのなかに入っていたとも思えない。そんなことからわたくしが留意したいのは、五百枝王が桓武の即位直後に侍従となりその体制を支えていること、また藤原雄依も光仁の侍従に任命され桓武朝で昇進を重ねているという二人の経歴である。五百枝王が桓武の侍従に任命されたのは光仁の信任を得ていたからで、この二人は光仁の近臣でもあったといってよい。

こうした立場から考えると、早良が還俗してまで皇太子（皇太弟）に立てられた経緯をはじめ、桓武側に立たされた早良と奈良仏教との関係、両者の仲介役となった早良の動向など、二人は光仁の近臣として一部始終を間近に見ていたに違いない。言い換えれば、皇太弟となった早良のすべてを知る人物であり、また知り得る立場にあった。したがって、彼らを断罪してはじめて早良の廃太子が完結したことになろう。桓武にとってこの後、自身の嫡子、安殿親王の立太子を実現するには、皇太子早良の痕跡を根こそぎ消滅させる必要があったと考える。とくに五百枝王については、父方も母方も施基親王に連なるという立場、血脈上の優位性が断罪の背景にあったことも否めない（後述）。

藤原是公と五百枝王・藤原雄依、彼らもまた運命に左右され、種継事件が生涯の明暗を分けることになった。

三　早良親王、絶命

早良親王の死に至るまでについては、『続日本紀』にまったく触れるところがない。これまで述べてきた親王の動静は、すべて『日本紀略』の記述によっている。

内裏での監禁

正史に早良の記載がないのは、偶然ではない。のちに、桓武が『続日本紀』から関係記事を削除したからである。『日本後紀』（弘仁元年〈八一〇〉九月十日条）に、「続日本紀に載する所の崇道天皇（早良親王）と贈太政大臣藤原朝臣（種継）と好からぬ事を、皆悉に破り却て賜いき

（桓武天皇がすべて破却した）」と記している。ただし同書には、削除に不満を抱いた種継の子ども仲成・薬子の兄妹が、その後記事をもと通りに復元して挿入したといい、嵯峨天皇はふたたびこの挿入記事を削除したと伝えている。平安後期に成立した『日本紀略』の詳細な記述は、兄妹によって復元挿入された『続日本紀』から抜粋し、採録したものであろう。ただし、桓武が削除する以前の、いわば原撰本『続日本紀』であった可能性もなくはない。不詳という他はないが、いずれにせよ、これまでに述べてきたのが、知り得る事件の経緯と事後処理だった。

ちなみに『日本紀略』によれば、九月二十八日に内裏から東宮に戻された早良親王は、その日の戌時（午後八時頃）に乙訓寺に幽閉されたといい、これ以後親王は自ら食を断つこと十余日、その後船に乗せられて淡路へ移送される途中、高瀬橋付近で「已に絶う」、すなわち絶命していたという。親王の死が船中でのことか、船に乗る前のことか、いまひとつ明確ではないが、通説では後者であろうと考えられている。十月十七日（七日とも）のことと伝えられ、遺骸はそのまま船で淡路島へ運ばれている。

早良親王のこの動静については他に史料がないこともあって、これまでほとんど注目されることはなかったが、重大な事実を読み取ることができるのではないか。二十八日に早良が東宮（大内裏内にあったか）に「戻された」ことの意味である。

種継事件を知った桓武が平城京から長岡京に戻ってきたのが九月二十四日、種継はすでに事切れていたが、桓武はただちに犯人の逮捕に乗り出し、関係者を一斉に処罰している。二十日ほど前に没していた大伴家持についても官位を剝奪したことは先に述べた。桓武の怒りの凄まじさは直接の下手人である桴麿（うきまろ）・木積麿（こづみまろ）の二人について、棺の前で罪状が読み上げられたあと、首を斬り落としていることにもうかがえる。それが二十八日のことで、関係者の最後の断罪であった。桓武による処罰は、この日ですべて終わったとみてよい。

こうした経緯から考えると、早良は二十四日から二十八日まで「内裏」にいたことになる。すなわち「内裏」で拘束されていたのである。逮捕者から、種継暗殺の計画は早良親王も承知していたことを聞かされた桓武が、早良を放置していたとは思えない。詰問したうえで拘束し、東宮に戻ることを許さなかったのである。内裏の一室に監禁したとも考えられよう。従来は、東宮に戻されたこの二十八日にはじめて拘束（乙訓寺へ幽閉）され、ただちに移送されたと考えられてきたが、そうではあるまい。内裏に四日も止められた理由が理解できない。下手人すべてを断罪し終えた後、桓武は早良に責任を取らせるために東宮に「戻る」ことを許したものと考える。

自死を促す

おそらく内裏監禁中、桓武は早良に対する処置を慎重に考慮したに違いない。寵臣種継を失った今、ひとつ間違えば、桓武自身の命取りにもなりかねないほど、早良の立場は重いものとなっていた。嫡子安殿親王の成長に伴いその立太子を目論む藤原（式家）一族と、早良を推す大伴・佐伯氏らとの対立が次第に激化しつつあったことも、確かである。それに早良はこれ以前、東大寺をはじめ大安寺など数多くの造営事業に携わった実績があり、人脈もあったことから、長岡京の造営方針をめぐって事実上の指揮者である種継との確執も表面化しはじめていた。両者の関係について「好からぬ事（対立していた事）」があったと記されており（『日本後紀』弘仁元年九月十日条）、工事をめぐって対立したことは、十分に考えられる。

春宮坊の官人が事件に関わっていた以上、早良の責任は免れまい。廃太子は当然のこととしても桓武を悩ませたのは、いかにして事態を収束させるかということであったろう。察するところ、桓武の脳裏に浮かんだのは、廃后・廃太子されて没した井上・他戸の母子であり、遡れば孝謙（称徳）天皇時代に廃位された二人の人物であったように思う。すなわちその一人が聖武の遺詔によって孝謙の皇太子に立てられた道祖王、もう一人は藤原仲麻呂によって擁立された淳仁天皇である。

道祖王の場合は廃太子から数ヵ月後、橘奈良麻呂らが新たな天皇を擁立しようとクーデターを企てた際に候補者の一人に担ぎ出され、事件の発覚によって逮捕され、拷問を受けて獄中で亡くなった。いっぽう淳仁の場合は仲麻呂が誅殺された後廃位され、淡路島に配流されたが、淳仁に心を寄せる官人たちも少なくはなく、淳仁と通じ合ってその復帰をはかる動きもあったようだ（天平神護元年〈七六五〉二月十四日条・同三年三月五日条）。そんなこともあって淳仁は配所から逃亡をはかったが捕らえられ、翌日亡くなっている。死因は明らかでないが、暗殺されたとの見方も強い。

廃太子（廃位）しただけで危険要因が除去されるわけではなく、存在を抹消しなければ、かえって火は燃えさかることになる。熟慮の末に桓武が決断したのは、早良を廃太子したうえで死に追いやるということではなかったか。それも桓武自身が手を下すのではなく、自死させる。これが内裏監禁中に出した桓武の答えであったとわたくしは見る。そして、東宮からただちに乙訓寺に移されたという事態こそ、暗に自死を求めた桓武の指示ではなかったか、と。

時期は半世紀ほど前に遡るが、聖武天皇時代、謀叛の疑いをかけられた左大臣長屋王は、天皇から死を命じられ自邸で自害している。法令では謀反の場合、宮城はむろん、自邸で自尽することは許されなかったが、聖武の配慮からそれが認められたのであった。

法令による限り早良についても内裏や東宮での自害は認められない。乙訓寺へ移されたのは自死を促すためで、早良にはその意味が十分に理解できたろう。桓武は、自死を受け入れざるを得ない状況に追い込んだのである。

自死ということに関連して、『扶桑略記』（延暦十六年〈七九七〉正月十六日条）に見える次のような記述が留意される。

廃太子されようとした早良は、その時使者を諸寺に遣わせて白業(果報をもたらす善業)を修めさせようとした。しかしどの寺もこれを拒否するなか、菅原寺にいた興福寺沙門の善珠が涙を流して礼仏した後、使者に対して、「前世の残業が今こうした災いをもたらしている。それを怨みに思わず、いさぎよく受け入れよ。決して怨みを抱くことのないように」と諭した。使者がそのことを早良に報告すると、早良は憂いのなかに喜びを浮かべて、「自ら忍辱の衣を披り、逆鱗の怒を怕れず」と言ったという。すなわちすべてが前世からの因縁で、いっさい怨みを抱いてはいけないという善珠の言葉に早良は、恥辱を堪え忍んで一心不乱に修行する(忍辱の行)覚悟をし、桓武天皇のいかなる逆鱗にも怯えないと決意したという。死を受け入れる覚悟ができたというのである。『日本紀略』には、「この後(乙訓寺に幽閉後)、太子自ら飲食せざること、十余日を積む」とも記している。疑惑を解くことができないまま桓武の断罪を受け入れた早良は、もはや抵抗する力もなく、自らが食を断つ道を選んだのであった。

飲食を断ったのか、断たれたのか

ただし、自らが飲食を断ったと記すのは『日本紀略』だけで、それ以外の所伝は飲食を断たれて亡くなったとしている。たとえば『諸寺縁起集』(醍醐寺本)所収「両処記文」には、「埼唐律寺(場所は不明)に於て、小室に居らしめ、国(固)く以て守衛し、七日七夜水槳(漿)を通ぜずして、即ち淡路に配流す(埼唐律寺の小室に閉じ込めて厳重に監視をし、七日七夜飲み物を支給せず、その後淡路に配流した)」とある。

また『水鏡』(下巻、桓武天皇条)にも、「カクテ其年ノ十月ニ東宮ヲ乙訓寺ニ押籠奉(おしこめたてまつり)、供御ヲ止奉リ給ヘリシニ、十八ヶ日マデ其御命絶ヘ給ザリシニ、淡路国ヘ流シ奉リ給キ(早良親王を乙訓寺に押し込め、供御(くご)を停止したところ、十八日経ってもなお絶命しなかったので、淡路国に配流となった)」と見える。

自ら食を断ったとする『日本紀略』とこれらの所伝との違い、これをどのように理解すべきなのか。

「両処記文」は平安時代後期、承保(じょうほう)三年(一〇七六)頃の成立と伝えられるもので、早良は淡路への配流の途中、梶原寺(現大阪府高槻市梶原あたりに存在したとされる寺)の前で下船し、筆をとって辞世の詩文を作って、二、三人の弟子に「西方(さいほう)に会わん」と呼びかけ、その後十月十七日に海上(船中)で没したとも記している。しかし、これは信じられる話ではない。梶原寺には早良の弟子僧がいたと言われているから(西本昌弘『早良親王』)、早良との関係を慮って、のちに付会(ふかい)されたものであろう。いっぽう、『水鏡』は鎌倉時代初期に成立したとされるが、知られるようにこれまた信憑性については問題のある書である。

こうしたことから判断すると、『続日本紀』を採録したという『日本紀略』の記載、すなわち自ら食を断ったというのが真実であると考える。もっとも、のちの平城天皇の即位直後に起こった伊予親王事件について『日本紀略』に、謀反の疑いをかけられた親王と藤原吉子の母子が川原寺(かわらでら)に幽閉され飲食を断たれた(大同二年〈八〇七〉十一月二日条)とも、平城に殺された(平城の薨伝)とも記していることから、同様に謀反の疑いをかけられ幽閉された早良についても、飲食を停止された可能性が高いとの理解もある。しかし感情の激しい平城に睨まれた伊予親王母子の場合は、異例であろう。早良に対して桓武がそうした措置をとったとは思えない。まして後世の評価を恐れた桓武である。早良は、自死とみて間違いない。

それにしても、早良に対して桓武はなぜそこまで断罪しようとしたのか。

平安朝の〝天智天皇〟

先入観を捨てて史料を再検討すると、早良を抹殺した背景に思いもかけない桓武の心底が見え隠れする。壬申の乱に対する恐怖であり、教訓である。桓武と早良の兄弟対立の構図が、かつての壬申の乱における天智と大海人の兄弟とピッタリ重なるではないか。

すなわち壬申の乱は、天智天皇亡き後、吉野に隠棲していた大海人皇子が挙兵し、大友皇子を自害させて近江朝廷を討滅した事件で、古代最大の争乱といわれている。桓武の時代から一世紀も前の出来事であるが、桓武(兄)が天智(天皇)、早良(弟)が大海人(皇太弟)とすれば、寸分違わずそれぞれの立場に当てはまり、政治的構図は百年前にタイムスリップした感さえある。詳しく述べてみよう。

壬申の乱は大海人の兄天智天皇が病床に伏したことから始まった。死期を悟った天智は弟大海人を枕元に呼んで皇位を譲りたいと持ちかけたところ、大海人はそれを辞退し、皇位は嫡子大友皇子に譲られるのがよろしいでしょう、それよりも私は出家して吉野に入り天皇の病気平癒を祈りたいと願い出たのである。時に大海人は天智の皇太弟の立場にあったが、天智は息子の大友皇子を皇位継承者にすることを願っていた。兄の胸中を見抜いていた大海人は、身の危険を感じて辞退したいと返答したのであった。

天智の許しを得るや、大海人はただちに鬚(ひげ)と髪をそって僧侶となり、二日後、吉野へ出発している。天智が亡くなったのは二ヵ月後の十二月、大海人が挙兵したのは天智の死から半年後のことで、挙兵からわずか一ヵ月で近江朝廷は陥落したのである。あっけない近江朝廷の最期であった。

それにしても誰しも奇異に思うのは、なぜ天智が吉野に隠棲した大海人を放置しておいたのかということである。時代はさらに遡ること二十六年前、やはり出家して吉野に入った古人大兄(ふるひとのおおえ)皇子のことを想起するからである。

古人は舒明(じょめい)天皇の長子(中大兄の異母兄)で、蘇我氏が即位を望み、後押ししていた。乙巳(いっし)の変後、軽(かる)皇子(孝徳天皇)からも皇位継承者にふさわしいと指名された人物である。しかしそれを聞いた古人はただちに出家して吉野へ入っている。身の危険を感じたからである。ここまでは先の大海人と同じであるが、古人の場合、それから三ヵ月後、謀反の計画が露見し、天智

（当時は皇太子中大兄皇子）は即座に兵を派遣して古人を殺した。

事件が中大兄によるデッチ上げだった可能性もあり、真相は明らかでないが、謀反の疑いが発覚した後、中大兄が迅速に処理しているところに、隠棲後も古人を恐れ殺害の機会を狙っていたことがうかがえる。古人には物部（もののべ）・吉備といった旧豪族らの支援が根強くあり、乙巳の変によって皇位継承権を手に入れた中大兄にとって、隠棲したとはいえ彼らの結束や動きが脅威となっていたのである（瀧浪『女性天皇』）。

翻って大海人皇子の場合、天智の皇太弟として政治的立場はすでに重いものがあったが（瀧浪『持統天皇』）、大海人付きの舎人（とねり）（下級役人）を除いて、味方はほとんどいなくなっていた。天智は旧豪族たちを大友皇子のブレーンとして近江朝廷の重臣に起用し、大友体制を盤石なものにしていたから、旧豪族を朝廷側に取り込んだ以上、孤立した大海人は手も足も出せないと判断したのではないか。吉野へ入る大海人に同行したのはキサキであった鸕野（のちの持統天皇）と幼子二人、それに数人の舎人たちだけであった。手足をもぎ取られた大海人は死に体も同然であり、吉野へ追放することで、天智が安堵したとしか思えない。しかし、息の根を止めなかったのは天智の大誤算であり、近江朝廷が壊滅するという番狂わせが起こったのである。

以上が、壬申の乱が起こるまでの顛末であるが、その間の大海人皇子の行動や戦闘の状況などは『日本書紀』につぶさに記されている。したがって桓武は壬申の乱におけるそれぞれの苦悩や思惑を交錯させながら、自身の中で幾度となく再現し追体験していたろう。むろん、天智の大誤算も見抜いていたはずである。だからこそ、大海人とオーバーラップする早良について、自らの立場を天智に擬えた桓武は、徹底的に断罪したのであった。桓武にとって、早良が暗殺事件に関与したか否かの真偽は問題ではなかった。早良を廃太子するだけでなく、事件後はいかに社会の動揺を押さえて抹殺するかという一点に、桓武の全神経が集中していたと考える。そして、早良もまた壬申の乱の経緯はむろん、自らが大海人皇子の立場に匹敵すること、兄が自身の扱いに苦慮していることなど、すべてを見抜いていたはずだ。だからこそ、兄の要請した〝自死〟を受け入れ、自ら食を断ったのである。それは早良の、天下に対する無実の叫びであったように、わたくしには思われる。

桓武の即位を正当化するために立太子された早良であったが、桓武の立場はすでに盤石なものとなり、役割の終わった早良はこうして断罪されたのだった。

後世の評価を恐れた桓武天皇

桓武が恐れたのは、暗殺事件を契機に遷都に対する批判・不満が拡大し、桓武朝への非難が再燃することであった。自らの権力によって完膚無きまでに事件を消火し、桓武の威厳と存在感を示そうとしたのは、そのためである。関係者を処罰するだけでなく、早良にまで責任を問い抹殺するという強烈な君主像を見せつける必要があったというのが、事件についてのわたくしの考えである。

なお、のちに桓武が事件の関係記事を削除させたことについて、ひと言付け加えておくならば、一般には早良の怨霊を恐れたためと理解されている。しかし、それはあくまでも桓武の心情を慮っての推測である。削除した理由について『日本後紀』に記載があるわけではない。翻って考えるに、桓武が怨霊をまったく意識しなかったとは思わないし、断罪に多少の後ろめたさがあったことも否定はできまい。しかし、果たしてそれだけが理由であろうか。早良に対する断罪の厳しさを社会は見逃しはすまい。世間の非難を免れることはできないであろう。記事を削除することで桓武が消し去りたかったのは、早良を断罪した自身の冷酷さ、裏を返せば天皇としての度量の狭さ・徳のなさではなかったかと、わたくしは考える。それは魚名の記事の削除に通じる認識であったろう。

桓武ほど後世の評価を恐れ、気遣った天皇も数少ない。後述するように、自身の治政を正史に書きとどめさせ、それを確認すらしているのである。桓武がパフォーマンスを好み、政治的効果を最大限に生かそうと様々な演出を施しているのも、そのためであった。

第五章　神になった光仁天皇——長岡京から平安京へ

一　安殿親王の立太子

廃太子の奉告

藤原種継暗殺事件の嫌疑をうけた皇太弟早良親王は事件の五日後（延暦四年九月二十八日）、内裏から東宮に戻され、乙訓寺に幽閉された。その後親王は自ら食を断つこと十余日、淡路へ移送される途中、高瀬橋のほとりで絶命した、というのが『日本紀略』の記述である。亡くなったのが十月十七日（十月七日とも）というが、『続日本紀』はその間のこととして、十月八日に早良の廃太子が山陵に奉告されていることを記す。

奉告先は山科山陵＝天智天皇陵、田原山陵＝光仁天皇陵、後佐保山陵＝聖武天皇陵である。桓武にとって天智は曽祖父、光仁は父であるが、聖武にも奉告されていることが留意される。この事実は桓武が、自らの立場が聖武天皇に連なるという認識を持っていたことを示している。

繰り返すことになるが、他戸に代わって皇太子に立てられた山部の正統性は、聖武との擬制的関係を作り出すことによって支えられていた。生母新笠への「高野朝臣」の賜姓はそのためであり、新笠を介して聖武（孝謙・称徳）に連なる立場を示したのである。山陵への奉告・奉幣は、先帝に対する顕彰であるとともに、それを行う天皇の存在や立場を強調する示威行為でもあった。聖武陵への廃太子の奉告は、血脈において有利な条件を持たない桓武にとって、聖武との繋がりを表明する不可欠の行為でもあった。

ところで、この聖武陵への奉告・奉幣について、『続日本紀』に記す「後佐保山陵」とは聖武陵でなく、光仁天皇陵だとする見方が出されたことがある（吉川真司「後佐保山陵」『続日本紀研究』三三一号）。田原山陵を施基皇子陵とし、後佐保山陵を光仁陵とするもので、桓武による廃太子の奉告は天智陵・施基皇子陵・光仁陵になされたというのである。しかし、のちに北康宏氏によって、この理解は完全に否定されている（「「後佐保山陵」の再検討——桓武朝皇統意識の一断面」『続日本紀研究』三七六号）。詳細は省略するが、北氏は、聖武陵が最後に記載されている点について、正史における山陵の記載の順序はその際の重要度によること、また山陵への派遣使の立場（ランキング）などを根拠に、後佐保山陵を光仁陵と見る理解はあり得ないと断言された。首肯される見解で、従来通り桓武が奉告したのは天智・光仁・聖武の三陵と見て間違いない。ここで、そのことをもう一度確認したうえで、話を進めることにしよう。

三陵のうち、光仁天皇への奉幣はこれ以前にみられなかったことで、桓武が最初である。ただし、奉告が早良の廃太子ということになれば、当然であろう。早良を還俗させてまで皇太弟に立てたのは光仁の意向だったから、何を措いても奉告する必要があった。廃太子などの政治的事件の場合、当然ながら断罪された親王の父(天皇)に奉幣・奉告することが多い。その意味でも光仁への奉告は義務であり、父に対する桓武自身の弁明でもあったはずである。光仁天皇陵が奉幣の対象とされているのを根拠として、桓武は新王朝(光仁・桓武朝)の確立をめざしていたと見る意見があるが、それはあり得ない。

それよりもわたくしが注目するのは、一つは、桓武による山陵への奉幣・奉告はこの時が初めてだということである。むろん、長岡遷都についても奉幣した形跡はない。

そもそも奈良時代の山陵奉幣は、聖武・孝謙時代に集中しており、すべての天皇が行っているわけではない。病気平癒など取り立てて重大事でもない理由で行われ、また対象とされているのは概して「諸陵」であることが多い。したがって桓武が廃太子を、先の三陵に奉告するのは異例のことである。しかもこれ以後平安遷都・征夷といった政治上の特別事態に際して奉告がなされており、桓武にとって山陵奉幣が重要な意味を持っていたことが知られるのである(瀧浪「桓武天皇の皇統意識」『日本古代宮廷社会の研究』所収)。

二つは、山陵への奉告先に天智陵が配置されている事実である。しかも派遣された藤原小黒

桓武天皇の山陵奉幣

年月日	山陵(天皇)名	目的
延暦 4(785)年 10・8	天智・光仁・聖武	早良廃太子のこと
延暦 12(793)年 3・25	天智・施基・光仁	平安遷都のこと
延暦 13(794)年 1・16	天智・光仁	征夷のこと
延暦 24(805)年 7・27	天智・光仁・早良	唐物を献上

『続日本紀』『日本後紀』『日本紀略』による

麻呂は時に中納言正三位であり、他の二陵の使者より位階・官職ともにランクが上であった。北氏によれば、小黒麻呂はこの時の山陵使全体の責任者でもあったというが、それは奉幣のなかでも天智が最重要視されていたことを物語る。

もっとも天智陵への奉幣は、桓武が初めてではない。天平勝宝四年(七五二)閏三月、孝謙天皇が新羅王子の来朝を天智陵に奉告したのが史料上の初見で、この時は大内(おおうち)(天武・持統)陵や応神・元明・元正の各陵にも奉告されている。ついでにいうと、同六年三月の唐国の進物は天智陵だけに献上され、翌七年十月、聖武の病気平癒に際しては天智・天武の二陵に奉幣して祈請(きせい)されている。奈良朝では天智天皇も天武天皇も扱いにおいて区別がないということである。天武系皇統の始祖、草壁皇子陵への奉幣もほとんどない。このことは、天武(=草壁)皇統が叫ばれた奈良時代において、山陵奉幣に皇統意識が投影されているわけでないことを如実に示している。したがって、桓武が天智陵に奉幣したことをもって天智系皇統意識に目覚めた証拠だというのも、正しい理解でない。文武天皇の時には、天智・天武の両天皇の忌日が国忌とされているように(大宝二年十二月二日)、山陵奉幣や国忌と皇統意識とは、別個の認識として考えなければいけない問題であり、そのことが大事なのである。

問題は、なぜ廃太子をきっかけに山陵奉幣が重視され、天智がクローズアップされるようになったのかということであり、そのことを正しく理解しなければ、桓武の実像はつかめないであろう。光仁・聖武の二山陵に加えて、天智陵に廃太子を奉告した、というより天智への奉告を最重要視したという桓武の真意は奈辺にあったのか。

天智陵への誓い

前述したように桓武朝において、皇太弟大海人の立場に匹敵するのが早良親王であり、天智の立場にあったのが桓武であるが、天智と異なるのは、桓武が早良を廃太子しただけでなく、命を奪って皇位継承権を封殺してしまったことにある。そうした事実から推測すると、奉幣は奉告であるとともに、自身を天智天皇に擬えた桓武の誓いではなかったかと思えてくる。この推測が正しいとすれば、いったい桓武は何を誓ったのか。

ひと言でいえば、天智がめざした皇位継承(法)の遵守である。桓武は、それによって王権のさらなる強化をはかろうとしたものと考える。詳しく述べてみる。

天智がめざした皇位継承とは、いわゆる「不改常典(ふかいじょうてん)」である。慶雲四年(七〇七)の元明女帝即位の詔に、「天地と共に長く、日月と共に遠く、改(かわ)るまじき常の典(のり)と立て賜い、敷(しき)賜える法」という言葉が初めて出てくる。これを略して通常「不改常典」と称しているが、実際にはそれ以前、持統女帝が、草壁皇太子の子（持統にとっては孫）の珂瑠皇子（文武天皇）の即位を実現するために援用、依拠したのが最初である。

その要点だけを言えば、天智天皇が定めたとされる皇位継承法であり（ただし口勅の類で、成文化されたものではない）、直接は天智の子、大友皇子の即位実現のための方便であったとみられる。当時の皇位は兄弟継承が慣例で、現に皇太弟の大海人皇子が天智の後継者とみなされていた。天智はそれを反故にする手段として直系（嫡系）への継承、すなわち大友即位の正当性を定めたのが「不改常典」だったと考えられるが、天武（持統）側でもそれを持ち出すことで、年少の文武を即位させるための拠り所としたのである。そしてこの「不改常典」は、文武の嫡子首皇子（聖武天皇）の即位に際して最大限に利用されたが、その際、男子嫡系相承の論理が強調されたのが特徴であった（瀧浪『女性天皇』）。

しかし、天智の定めた方針がなぜ天武系天皇（文武や聖武）においても正当化の根拠になるのか、考えてみれば奇異である。これまで、誰も指摘しなかったことが不思議であるが、これについてわたくしは、法令の持つ不可侵性であったと見る。口勅の類とはいえ、「不改常典」は皇位継承に関する唯一の法令だったからである。しかも、その天智が標榜する男子嫡（直）系（＝大友皇子）はまさに文武の立場（草壁皇子の嫡系）にかなっていることから、天武側もこれに飛びつき、文武即位を合理化する最大の拠り所としたのである。そして以後、平安時代を通して天皇即位の宣命に引用され、正統天皇の証しとされた。

むろん、桓武もこの「不改常典」に則って即位した。即位の宣命において光仁天皇から、この皇位を「近江大津宮に御宇（あめのしたしろしめ）しし天皇（天智天皇）の勅（の）り賜い定め賜える法（いわゆる不改常典）」にしたがって承（うけたまわ）り、政務にあたるようにと仰せになって授けられたのを朕（桓武）はお受けした、と見える（天応元年四月十五日条）。それが形式的な文言であったことは言うまでもないが、桓武が異なっていたのは、皇太子早良とセットで即位が実現したことである。したがって、早良の廃太子は光仁からの譲位そのものをリセットしたことに他ならず、桓武の即位を正当化するには改めて宣命（いわば二度目の「不改常典」）を天下に示す必要があった。この天智陵への奉幣が、まさにそれである。

桓武が躊躇なく安殿の立太子に踏み切ったのは、早良に代わる安殿親王こそ桓武の嫡子であり、天智の提唱した継承（男子嫡系）法、「不改常典」に合致したからである。形式的ではなく、安殿への継承は「不改常典」そのものだった。

これ以前、文武天皇も聖武天皇の場合も、「不改常典」を拠り所に即位を実現させたが、決してスムーズに運んだわけでない。その間、男帝即位の条件が整うまで、持統・元明・元正など中継ぎとして女帝が出現したのはそのためで、「不改常典」の継承は女帝を介して実現できたのであった。その意味で桓武—安殿という父子継承に舵を切った桓武は、天智の方針を成し遂げた最初の天皇といってよい。けだし、早良の廃太子＝安殿の立太子を正当化する上で、「不改常典」ほど桓武の理にかなったものはなかったろう。というより、廃太子事件を糊塗するには、天智（＝不改常典）を強調する以外に手はなかったというのが事実である。そして大事なのは、桓武自身が一貫して天武系（聖武系）との自覚を持って継承を切り替えたということだ。くどいようであるが、桓武は即位以来、当然のごとく天武系天皇の立場を貫き、その基盤を築いてきた。桓武にとって「不改常典」は天武系における皇位継承の論理であり、その効果を最大限に発揮する手段として利用されたことを、見逃してはいけない。聖武の時以上の奏功を期待していたのが桓武だったと思う。

天智に奉告し終えた桓武は、天智がめざした皇位継承を実現し、その法の遵守を誓ったに違いない。桓武は〝平安朝の天智天皇〟になったのである。天智が初めて身近な存在となった瞬間であろう。そして、自らが天智の立場に立ったことで天智に対する崇敬の念が芽生えたであろうことも、容易に想像がつく。その結果、祖先との紐帯、いわゆるミウチ意識が覚醒されていったとしても、不思議ではない。極端に言えば、天智になったことがミウチへの関心を高めさせたのである。その意味で、桓武にとって、天智陵への奉幣の持つ政治的意味は、きわめて大きいものがあった。

早良の廃太子＝安殿の立太子は、桓武にとって仕切り直しの即位であり、しかも天武・持統朝以来、王権が標榜してきた「不改常典」にかなう継承であった。桓武が廃太子を機に山陵に奉幣し、とりわけ天智陵を重視した理由は、以上に尽きる。

皇統からミウチ意識へ

天智と父光仁、そして〝血縁関係〟にあった聖武に奉告した桓武は、〝平安朝の天智天皇〟となった。その意味で山陵への奉告は、天智や光仁ら祖先に対する親近感を抱かせただけでなく、祖先との紐帯を意識させ、その関係を結ぶ必要性を認識させる役割を果たした、きわめて重要な政治行為となった。山陵奉告の翌年、延暦五年十二月、光仁陵を施基陵（先田原山陵、田原西陵とも）の東北の地に改葬しているのもそれで、後田原山陵（田原東陵とも）と称される（『続日本紀』）。そしてこれ以後、奉幣の対象とされるのは天智と光仁の二陵であり、適宜施基皇子陵などが加えられるようになる。

ただしくどいようであるが、だからといって、奈良朝を通じて形成された天武系皇統を捨てたとか、離脱しようとしたといった考えを、桓武が持っていたわけではない。聖武陵を加え、桓武自身がその聖武に連なっていることを改めて訴えた、先の山陵奉幣を軽視すべきではない。

桓武が聖武との関係を重視し追慕の気持ちを持ち続けたことは大事である。長岡遷都の翌延暦五年正月、大津京（宮）の西北山中に桓武が建立した梵釈寺もその一つであろう。天智が建てた崇福寺の傍らの地である。その崇福寺にはかつて聖武も訪れている。恭仁京の造営時、琵琶湖の東岸を南下中の折に立ち寄り礼拝している。桓武による梵釈寺建立の背景には、天智に対する追慕の気持ちが込められていたことはいうまでもないが、それ以上に聖武に倣おうとする気持ちも込められていたように思う(後述)。

こうしてみると、桓武にとっての〝壬申の乱〟がその後の治政のあり方を決定的に変えることになったといってよい。断罪―廃太子と早良の抹殺に踏み切ったことが桓武を天智天皇に仕立てあげ、天智(や光仁)との紐帯を自覚させるようになっていったのである。

即位から四年、この時点で桓武の立場を脅かす勢力はほとんど消滅していたといってよい。桓武の心奥にあったのは、ただ一つ、早良に代わって立太子した安殿の正統性をいかに天下に表明するかという点に集約されていた。その端的な表れが、山陵奉幣の翌月に行われた郊天祭祀である。

郊天祭祀

延暦四年十一月、早良が廃太子されて二ヵ月後、桓武の嫡子である安殿親王が皇太子に立てられた。十二歳であった。前後の立太子儀に比して、安殿の儀はことさら留意される。それは、二週間前に郊天の祭祀(郊祀)が実施された上での儀だったからである。わが国では聞き慣れない祭祀であり、少し説明をしておきたい。

郊祀とは、そもそも中国の皇帝が夏至に際して宮城の北郊に、冬至に際して南郊に円丘を築いて天神(昊天上帝)を祀った儀式で、皇帝のもっとも重要な祭祀とされた。『周礼』に見えるというから、起源は古い。ただし、わが国ではほとんど受け入れられず、桓武の時に二度、そして桓武の時から六十九年後の文徳天皇時代に一度だけ、いずれも冬至の日に河内国交野（現大阪府枚方市）で行われている。わが国ではこの三例しか記録がない。それだけに単なる思いつきや遊びではなく、きわめて重い政治的意図をもって行われたことを思わせる。桓武にせよ、文徳にせよ、その目的は何だったのか。

　桓武の場合、行われたのは延暦四年（七八五）と同六年の十一月（前者は十日、後者は五日）、冬至の日である。交野で祀ったという「天神」とは、いうまでもなく中国思想に基づく天神であって、わが国古来の「アマツカミ」ではない。具体的な様子が知られるのは二度目となる延暦六年の場合で、十一月五日、藤原継縄（従二位大納言兼民部卿造東大寺長官）を派遣して天神＝昊天上帝（天帝）を祀っている。注目されるのは、昊天上帝に捧げられた祭文のなかで「高紹天皇（光仁天皇）の配神作主（光仁天皇を神として祀ること）」をお請けくださいますようにと述べていることで、同時に光仁天皇に対しても祭文が捧げられ、「侑神作主（昊天上帝に相伴させて祀ること）」をお請けくださいと見える。本場中国（桓武が手本としたのは唐代の郊祀）では高祖（王朝の始祖）を天帝として祀ったのに対して、桓武の祭文にいう昊天上帝が具体的に誰を指すのか明らかではないが、注目されるのは桓武が昊天上帝（天神）とともに光仁を〝神〟として祀っていることである。

　中国に倣うなら、桓武の場合は天智天皇もしくは天武天皇を天神とすべきである。その天智や天武を祀らず、しかも光仁を天神(昊天上帝)に相伴させるのは、中国の制度と違っている。相違といえば、中国では必ず天子自らが天壇・地壇(夏至には天壇が、冬至には地壇が築かれた)に赴き祭祀を執り行ったが、わが国ではいずれも(三度とも)天皇ではなく代拝であったことなど、そっくり受け入れたわけでないことが指摘されている(瀧川政次郎「革命思想と長岡遷都」『京都並に都城制の研究』所収)。

そこで知りたいのが、桓武はなぜ光仁を〝神〟として祀ったのか、二週間後に行われる安殿の立太子儀と、どのように関わるのか、ということであろう。二度目の郊天祭祀が行われた二ヵ月後に、皇太子安殿が元服儀を行っている。初度が立太子儀の二週間後であったから、桓武による郊天祭祀がいずれも安殿親王に関わって実施されたことは間違いない。

安殿親王の正統性

改めて整理をしてみる。そもそも天皇を神とする思想や観念は、わたくしの見るところ持統女帝によって創始されたもので、天武天皇が〝神〟に祭り上げられたのが最初である。その理由や経緯について詳述することは避けるが、結論だけをいうと天武の嫡子、草壁皇子を天皇家の原点(始祖)にする観念を創出するためであった(瀧浪『持統天皇』)。

天武没後、皇太子草壁皇子が急逝し、持統は草壁の嫡子珂瑠皇子(当時七歳)の即位実現に向けて邁進する。そのために援用、依拠したのが先述の「不改常典」であり、もう一つの手段が皇統の始祖に、天武ではなく草壁皇子を据えることであった。皇位継承資格を持つ天武の子や孫たち（天武の孫である珂瑠よりも天武に近くて年長の世代）が数多く現存しており、珂瑠を擁立する上で天武を原点とすることが逆に珂瑠の立場を弱体化しかねなかったからである。そこで天武を日本の国を創った〝神〟に仕立てあげ、その〝神〟の皇子である草壁を天皇家の始祖とみなして、珂瑠の正統性を強調したのであった。天武を〝神〟とすることで草壁―珂瑠という直系継承の正当化（いわゆる「不改常典」にかなう）を確かなものとしたのである。

してみれば桓武によって〝神〟となった光仁は、まさに平安時代の「天武」ではないか。「天武」である光仁の子、桓武が「草壁」、そして安殿が「珂瑠」であった。桓武は持統がとった便法に倣い、光仁を神に祭り上げて直系継承による皇太子安殿の立場の保証をとりつけようとした。むろん持統と桓武とでは、思惑が異なることはいうまでもない。持統は天武を〝神〟とすることで、草壁皇子を始祖とする天皇家の系譜（いわゆる草壁皇統の正統性）を生み出そうとした。これに対して桓武は、〝神〟となった光仁の継承者の位置づけを得ることによって、天武系における自身の正統性を改めて訴えるとともに、光仁―桓武―安殿親王という直系継承の立場を明確にし、安殿の立太子を盤石なものとしたのである。郊天祭祀は桓武というよりも、安殿を〝珂瑠〟に仕立てるための手段であった。

ここで改めて確認をしておくと、早良の廃太子を機に行われた山陵奉幣は、自身を天智に擬えた桓武が、自らの立場を天下に表明したデモンストレーションだった。ただしその一方では聖武への奉幣も行われており、桓武の皇統意識が一貫して天武系にあったことについては前述した通りである。だが見逃していけないのは、天智・光仁への奉幣を通して皇統よりも先祖への追慕やその紐帯を強めていったことである。これまで繰り返し述べてきたように、皇統は皇位継承上に問題のある時に自覚される。自分の立場を意味づけ、合理化する必要のある時に主張され、武器とされるものだった。廃太子を断行した桓武が、ここに至れば皇統を持ち出さねばならない理由はまったくない。皇統意識が薄れつつあったのではなく、桓武にとって、もはや皇統が政治上の問題となることはなかったのである。

次の課題は安殿の立太子であった。早良を廃太子したうえで立太子する安殿には、確固たる正統性が必要であった。そのための儀式が郊天祭祀だったが、桓武はそれを皇統ではなく光仁との血脈、直系継承を強調することによって承認を得ようとしたのであった。

祭祀と継縄

話を郊天祭祀に戻したい。桓武は即位以前、大学頭に就任したことがあったから、中国風の祭典を知らなかったはずはない。しかし、交野での祭祀は桓武だけの考えではなく、それを促し儀式の催行に協力した人びとがいたように、わたくしには思われる。渡来氏族の百済王氏である。

桓武は長岡遷都以前、交野に行幸したことがあり、一帯を本拠地としていた百済王氏と関係を深めていた。『続日本紀』(延暦二年十月)には、交野に行幸して遊猟を楽しんだ桓武が、交野郡の田租を免除するとともに百済王氏の人びとに昇叙したと記している。滞在は四日に及んだ。元来鷹狩りを好んだ桓武は水無瀬・大原野・北野などにしばしば出かけているが、ほとんどは日帰りであった。そうしたなかで四日も滞在したのは、百済系渡来人の血を承けた桓武(生母高野新笠の父が百済系の渡来人)にとって、交野が格別の地であったことを思わせる。これ以後、桓武はたびたび交野に行幸し(表参照)、そのつど供奉した百済王氏の人びとに加階しているのが目立つようになる。

安殿の立太子儀(初度)と元服儀(二度目)の直後・直前に実施された郊祀について興味深く思うのは、大納言藤原継縄が勅使として派遣され、二度の儀式を執り行っていることだ。継縄は安殿が立太子された日に東宮傅(『公卿補任』では皇太子傅)に任じられ、元服儀では加冠・理髪に携わっており、桓武から多大の信頼を得ていた。じじつ交野に滞在中、桓武は継縄の別荘を行宮とすることが多かった。なかでも延暦六年十月・同十年十月には「百済王らを率いて百済楽を奏」したとあり、そのつど百済王一族とともに継縄の息子乙叡が昇叙されている。

継縄は南家豊成の次男で、百済王一族の明信を妻としていた。交野の別荘はその妻を介して営まれたものであるが、当時は百済王氏を統括する族長的立場にあったと考えられている(大坪秀敏『百済王氏と古代日本』)。別荘を桓武の行宮に提供したのも、百済王らを引き連れて音楽

光仁天皇・桓武天皇の交野行幸

天皇	行幸年月日	回数
光仁	宝亀 2(771) 2・13	①
桓武	延暦 2(783) 10・14 (〜18日)	①
	延暦 3(784) 11・11 長岡遷都	
	6(787) 10・17 (〜20日)	②
	10(791) 10・10 (〜?)	③
	11(792) 9・28 (〜?)	④
	12(793) 11・10 (〜?)	⑤
	13(794) 9・22 (〜?)	⑥
	10・13 (〜?)	⑦
	10・22 平安遷都	
	14(795) 3・27 (〜?)	⑧
	10・16 (〜22日)	⑨
	16(797) 10・8 啄木鳥が前殿に入り行幸中止	
	18(799) 2・8 (〜?)	⑩
	10・9 (〜?)	⑪
	19(800) 10・17 (〜25日)	⑫
	21(802) 10・9 (〜15日)	⑬

『続日本紀』『日本後紀』『類聚国史』『日本紀略』による

を奏上したのも、一族の長に推戴されていたからで、むろん妻明信との関係によるものであった。

こうしてみると、郊祀は百済王一族の協力を得て実施されたとみるべきであろう。祭文をはじめ具体的な儀式次第などは、中国風の儀式にも造詣が深かったであろう百済王氏が中心となって作成され、それに則り継縄が執り仕切ったのではないかと思われる。ただ確認をしておきたいのは、この郊祀が計画されたのは、種継の暗殺によって早良の廃太子＝安殿の立太子が構想されて後ということだ。決して長岡遷都以前ではない。そして、郊祀の結果早良の廃太子事件(種継暗殺事件)が雲散霧消し、安殿の正統性が確かなものになったことも間違いない。先述した山陵奉幣が二度目の「不改常典」であったとするなら、桓武にとって、いわば三度目の「不改常典」の役割を果たしたからである。

二　怨霊への挑戦

佐伯今毛人から継縄へ

種継が暗殺されたあとも長岡京の造営工事は中断することなく、順調に進められたようである。暗殺事件の翌年、延暦五年(七八六)七月、太政官院(大極殿・朝堂院)が完成し、百官が初めて「朝座(ちょうざ)(朝堂に設けられた座席)」に着いたとある。宮城には内裏をはじめ東宮・皇后宮なども完成、京中には東西の市も設営され、工事もほぼ一段落したのであろう(第一次造営)。桓武が本格的に東北遠征に乗り出したのも、この時期である。

こうしたなかで、桓武は決断をした。長岡京の造営責任者の交替である。

種継亡きあと事業を中心的に進めたのは佐伯今毛人であった。政治を好まなかった今毛人は、桓武の信任も得たようで、藤原乙牟漏の立后とともに皇后宮大夫に任じられている(延暦二年〈七八三〉)。翌三年十二月、造宮功労者に位階が進められた際には参議に任じられている。佐伯氏の中で「相府（参議）」に入ったのは今毛人一人である。破格の措置であった。翌四年七月、今毛人は、造宮使はそのままに民部卿の兼任を命じられた。民部省は調庸物や田を計納し、国用を差配する、いわば国家財政を管理する役所であった。東大寺造営の際、巧みな手法で役民を使役したと聖武天皇から大いに誉められたことがあるように、この事業の適任者であった。民部卿に任命された二週間後、長岡の地に三一万四〇〇〇人に及ぶ造宮役民（造宮事業に必要な労働者）の動員計画を立てたのも、今毛人の就任早々の仕事であったと思われる。

　こうした人物であってみれば、種継亡きあと事業を担うのは今毛人以外には考えられない。その今毛人が延暦五年四月、三つ兼ねていた官職（皇后宮大夫・民部卿・大和守）のすべてを解かれたうえ、大宰帥に任じられている。大宰帥の前任者は藤原継縄で、その継縄が東宮傅を兼任したまま今毛人の民部卿を兼ねることになる。わたくしは、この時、今毛人が造長岡宮使のメンバーからもはずされたと考える。

　今毛人の大宰帥任命は種継事件から七ヵ月後のことであり、事件に関わっての措置とは思えない。今毛人は先に述べたように長年造東大寺司をつとめた関係上、早良親王と親しい間柄にあったことは十分に考えられるが、種継事件に加担したという形跡はない。また桓武との信頼関係からみて、左遷人事とも思えない。そうだとすれば、今毛人が六十八歳という老齢であったことによる人事としか考えようがない。

先に述べたように長岡京の中枢部がほぼ完成し、工事が一段落したしたことで、今毛人を重責から解放させてやろうとする桓武の思いやりではなかったか。また、工事が新しい段階に入ったのを機に責任者を交代させ、造宮使の組織を一新するという意図もあったろう。延暦四〜五年にかけての人事異動で、造長岡宮使のメンバーが大半入れ替わっているように思われ、今毛人の大宰帥任命は、その最後の人事であったと考える。なお、今毛人が大宰府に赴いたとは思えないが、三年後に致仕を申し出て許されている。没したのは翌年のこと、七十二歳であった。

この時の今毛人の転任以上に留意されるのは、後任として民部卿に就任した藤原継縄である。右大臣ではあったが、「政迹(せいせき)聞こえず、才識なしといえども、世の謗(そし)りを免れるを得るなり」（『日本後紀』延暦十五年〈七九六〉七月十六日条）と評された人物である。造営事業にたずさわった経験もなく、民部卿としての能力は、今毛人に及ぶべくもなかった。継縄はこれ以前、安殿親王の立太子とともに東宮傅に任じられており、また親王の元服の時には加冠役をつとめているから、その起用が桓武との個人的な関係によることは明らかである。

しかし、このあたりから長岡京の造都事業は狂い始めたように思われる。

先述したように、長岡造都にとって種継の死が決定的な打撃となったわけではない。種継が殺されたあとでも工事が進められていたことは、近時の発掘調査によって確かめられている。

しかし、種継に次いで今毛人までもいなくなってしまえば、上手くいくはずはない。造都のテンポは緩やかとならざるを得ない。じじつ長岡京は、ついに完成しなかった(ただし、長岡京を棄てるのはもう少し先のことである)。

執念

長岡京が淀川水系の都であり、水陸交通の要衝地にあったことは繰り返し述べてきたが、地形的にみて際だった特徴がある。京域(二条、三条以北)において、北西から南東方向に向日丘陵が入り込んでいるのである。高さ数十メートルほどの細長い丘陵で「長岡」の地名の由来になったが、発掘調査によって、内裏をはじめ宮城の中枢官衙はこの丘陵上に造営されたことが明らかになっており、遷都後桓武が入った第一次内裏(西宮)も、丘陵上に築かれた太政官院の西側に造られたという。

こうした地形をみると、長岡京の場合は何よりも丘陵地の造成が先決であり、造宮使の任命からわずか五ヵ月で遷都にこぎ着けた工事は、異例の早さで進められたものと思われる。なかでもわたくしが注目したいのは、種継没後、桓武自身が工事に対して積極的に関与し始めることである。京中住民への優遇、造宮役夫に対する負担軽減など、工事推進のための措置が次々に打ち出されている。延暦六年十月には、「朕、水陸の便あるを以て、都をこの邑に遷す」との詔を下して、乙訓郡百姓の延暦三年の出挙未納を免除し、郡司に叙爵、翌七年九月にも詔を下して「水陸の便有りて、都を長岡に建つ。しかるに宮室未だ就らず。興作稍く多し(建設工事はますます増えていく)」といい、工事に徴発されて苦しむ役夫の工賃を引き上げ、そうした役夫を送り出す国の出挙の利息を引き下げている。

遷都の主旨説明(遷都の詔)は、遷都前後に行われるのが一般的であるが、長岡京の場合、発表された形跡はない。右の二度にわたる詔がそれに準じる意味を持つと考えられるが、遷都から三、四年経ったこの時期に至っての表明は、自らの正統性と安殿の立場が盤石になったことで、桓武自身が改めて造都への意欲と執念を燃やし始めたことを示している。

西宮から東宮へ

桓武の執念は、機能的で画期的な構造を持った内裏を生み出すことになる。大極殿の東側に造営された「東宮」がそれである。『続日本紀』には延暦八年二月二十八日、「西宮より移りて、はじめて東宮に御します」と見える。桓武はこの日、「西宮」から新造の「東宮」へ正式に移ったのであった。翌三月一日には、造宮使らが酒食や種々の玩好の物を桓武に献上し、東宮の完成と移御を祝っている。

「西宮」は遷都後はじめて迎えた元日(延暦四年正月)、大極殿での朝賀の儀のあと、桓武が五位以上の官人たちと宴を催したという「内裏」のことで、大極殿の西側に造営され、遷都以来の御在所となっていた。ちなみに「西宮」と、新しく完成した「東宮」とは大極殿をはさんで対象的な位置にあることが明らかとなっているが、問題は、この時期になぜ桓武が移御したのかということである。少し掘り下げて考えてみる。

「西宮」と「東宮」について、回廊や太政官院の中軸までの距離が近似していることが明らかとなり、そうしたことから二つの内裏は同一計画によって割り付けられ、当初から併存する建物として造営されたとの見方が出されている。その上にたって、天皇と、譲位後の太上天皇の居所が用意されたとの考えもある一方、「西宮」は丘陵上にあって難波宮の内裏をそっくり移築するには狭すぎたために、「東宮」を新たに造営したとの見解もある(網伸也「平安京の造営計画とその実態」『平安京造営と古代律令国家』所収)。前者については、この時期、まだ譲位の制度が定着していたわけでなく、現に太上天皇もいなかった。譲位後の居所(後院)を宮城内に用意することなど、考えられない。また後者も、いかに長岡京造都が急がれた工事であったにせよ、内裏(西宮)を丘陵上に造成するからには土地の造成や建物配置の狭小など、最小限度の設計計画・計算はなされていたろう。難波宮の内裏を移築するに際して狭すぎたというが、そんなことは当初から承知のはずである。

二つの内裏(「西宮」と「東宮」)が当初から同時に造営が進められたという先の見方は、確証のあることではなく、検討の余地があるのではないか。判断は今後の発掘調査に委ねたいと思うが、当面の問題は、移御の理由はなにかということである。結論を先にいうと、桓武の後宮(キサキ)問題が背景にあったというのが、わたくしの考えである。

後宮世界の形成

桓武天皇時代の特徴は、キサキが増大し後宮世界が発展したことである。いうまでもなく奈良時代は七代のうち四代（元明・元正・孝謙・称徳）が女帝であったことから、平城宮においては後宮が未整備であった。それで事足りていたのである。しかし、桓武には知られるだけで二十八人のキサキがいた。このうち、長岡遷都の時、どれくらいのキサキ（本来の律令に定められたキサキをはじめ、事実上のキサキを含めて）がいたのか、明らかではない。四十五歳で即位した桓武には皇太子時代に入内したキサキも少なくはなく、知られるだけで三十五人の皇子女を儲けたことから判断しても、数多くいたことは間違いない。確かなのは、遷都前の平城宮はむろんのこと、長岡京での当初の内裏（西宮）において後宮が未整備だったということである。

前例のないほど数多くのキサキを抱えた桓武が、遷都に際して建物を含め新たな後宮編成の必要性を感じていたことは間違いない。しかし、迅速性を求められた長岡遷都において、具体的な後宮の改変まで設計されていたとは、とても思えない。後宮の整備が急がれたであろう。現に桓武が、事実上のキサキを後宮の制度のなかに取り込むようになったのは遷都以後であり、それに伴って後宮（建物）の整備も進められたのであった。

こうしたキサキの実態を考えると、桓武が「東宮」へ移御した理由も見えてくる。調査によれば「東宮」では、のちの平安宮で見られる後宮関係の建物が発見されており、延暦八年の東宮への移御は、第一義的には事実上のキサキを制度的に位置づける受け皿、すなわち後宮の建物が完成したことによるというのが、わたくしの考えである。ただし誤解していけないのは、いわゆる後宮十二殿舎（七殿五舎）と呼ばれる建物は、まだ備わっていなかったことだ（一八四頁図）。後述するように十二殿舎が完成するのは嵯峨天皇の時代である。桓武が移御した「東宮」では、皇后が常居する常寧殿（じょうねいでん）を中心に幾棟かの後宮の建物群が周辺に配置されていたものと思われる。それは平城宮内には見られなかった、画期的な一画を構成していたはずである。むろん、「東宮」では正殿（桓武の居所）をはじめ内裏中枢部も出来上がっていただろう。その意味では平安宮内裏の原型がこの「東宮」においてほぼ完成したといってよい。それが、移御の理由である。

三月、造宮使らから祝宴をうけた桓武も、ようやく平城京を切り捨てて実現した長岡遷都を実感したに違いない。二年後（延暦十年）には平城宮の諸門が長岡宮に移築され、宮城の主要部分もあらかた完成したものと思われる。だが、長岡京はこれから数年後に放棄されることになる。あれほど執念を燃やした長岡京を、桓武はなぜ棄てたのか。

早良親王の祟り

長岡京が十年で放棄された理由については、様々な意見が出されている。なかでもよく取り上げられるのが早良親王の怨霊を恐れて放棄したというもので、その際、必ず関係づけられるのが桓武周辺に起きた災厄である。

現に桓武が新造内裏「東宮」に移る前後から、相次いで不幸や異変が起こっていた。移御の前年、延暦七年五月に桓武の夫人藤原旅子(たびこ)(百川の娘)が亡くなっている。移御した八年の十二月には生母高野新笠が、翌九年閏三月には皇后藤原乙牟漏が相次いで亡くなり、諒闇が続いている。またその間、東北の蝦夷(えみし)との戦いにも大敗していた。さらにこの時期、皇太子安殿の症候が桓武を悩ませていた。

早良のあと皇太子に立てられた安殿親王は、生来、病弱であった。延暦九年九月、「皇太子の寝膳(しんぜん)」がよくないというので「京下の七寺」において読経させている。具体的な病状は明らかでないが、この時の病臥は半年前、安殿の生母藤原乙牟漏が亡くなったことが引き金になったものと思われる。しかし病状は回復する兆しもなく、翌十年十月には安殿自身が伊勢神宮へ赴き快癒を祈ったものの、これも効果がなかった。その後も体調不良が続き、翌十一年六月には畿内の名神に奉幣祈願、そして五日後、長びく不調の原因を陰陽師に占わせたところ、「崇道天皇(早良親王)祟(たた)りを為す」と出たのである。

桓武はただちに淡路島に勅使を派遣して、早良の霊に拝謝させた。さらに一週間後、勅を下して、去る延暦九年に淡路国に命じて陵戸(りょうこ)(墓守)一戸をあて、郡司に責任を負わせてきたが、それを怠ったために祟りがおきたのであると説明し、今後は濫穢(らんえ)がないようにせよ、と改めて命じている。

先の勅にいう、延暦九年に早良の「墓守」を置いたというのが、安殿の体調不良を意識した措置であったことは間違いない。それだけではない、旅子・新笠についで乙牟漏が亡くなるなど、延暦九年は桓武にとって心痛が重なった時でもある。「墓守」を置いたのは桓武が早良を意識し、不幸や異変について朧気ながら、早良の「祟り」と認識しつつあったことを物語る。

にもかかわらず、卜定によって「祟り」であると初めて表沙汰にされたのが、安殿の病臥から一年九ヵ月も後(延暦十一年六月)、それも突然の公表だったことに、誰しも違和感を覚えるであろう。わたくしには、万策尽きた末の措置でなかったかとさえ思えてくる。

ちなみに乙牟漏が亡くなって六日後、桓武は詔を下している。そのなかで、「国家の悲しみ事が相次いで起こり、天災・地変も収まらない。禍(わざわい)を転じて福とするには、徳政を行い仁恩(じんおん)を施すことが先決である」といい、天下に大赦し、延暦三年以降の租税を免除している。未報告の物であっても、負担に堪えられないものについては免除するともいう。このなかには通例の恩赦では免除されないものも含まれている。相次ぐ身内の不幸と災厄に対する責任がよほど桓武に重くのしかかっていたのであろう。「徳政」「仁恩」は詔における常套文言とはいえ、悲壮感すら漂う語調が気になるところで、自省の念にかられた桓武の心情が滲み出ている。しかし、状況は好転するどころか、今度は安殿が病臥し、これまたありとあらゆる策を講じたが、効果はなかった。その結果、「早良の祟り」と占われたのである。すべての原因が「祟り」であることを認め、それを公表したのだった。

後述するように、祟りや怨霊が噂されることは珍しくない。しかし、「祟り」を公にした天皇はいなかった。社会的な不安をあおり、人びとを動揺させるからである。それを桓武は、正面切って世間に訴えたのであるが、わたくしはそれを素直に受け止めることができない。桓武の深謀が背後に潜んでいるとしか思えないからである。政治的匂いがするのである。

演出

桓武自身が「祟り(怨霊)」を体感したのは、じつはこの時が初めてではなかった。皇太子時代のことで、これもまた、誰も指摘しなかったことが不思議である。

『続日本紀』(宝亀八年十二月二十五日条)によれば、皇太子の山部親王はこの前後、体調を崩し病気がちであったという。そこで三日後(二十八日)、井上内親王の墓を改葬して「御墓(みはか)」と称し、守冢一烟を置くように命じられ、年明け早々正月二十日に改葬が実施されている。前述したように井上内親王は聖武天皇の娘で、山部の立太子は、この井上・他戸母子の廃后・廃太子と引き替えに実現したものである。井上内親王墓に対するこのような手厚い保護管理は、山部の病気の原因が井上の「祟り」であると考えられていたことを物語る。表沙汰にはなっていないが、誰もが山部の病気を井上内親王の「祟り」と認識し、それを受け入れていたのである。それは、山部と関わりのない淡路廃帝こと淳仁天皇の霊にまで保護が及ぼされていることからも知られる。

すなわち山部の病状はいっこうによくならず、そのために平城京の諸寺で誦経させたが、これも効果なし、挙げ句に淳仁天皇の墓を「山陵」、淳仁の母の墓を「御墓」と称し、守戸一戸をあてて警備させている（宝亀九年三月二十三日）。それだけではない、翌日、光仁天皇は改めて詔を下し、山部の病気を救うには天皇として徳のある政治をすることだと言い、天下に対して大々的な大赦を施し、山部のために三十人を出家させている。前述したので他の事例を逐一掲げることは省くが、先の安殿の長引く病気といい、その対処法といい、皇太子時代の桓武のありようがそっくり乗り移ったかのような錯覚すら覚える。

「霊魂」についてはこれ以前、藤原広嗣の霊が玄昉や吉備真備に害をなしたとか、不比等の四人の息子（藤原四兄弟）の死が長屋王の祟りだといった噂が社会に流布したことはあったが、陰陽寮（陰陽師）が死者の霊障を占ったという前例はない。早良の場合が初めてである。おそらく桓武は、占いが「祟り」と出ることを事前に承知していた、あるいは「祟り」と出るように指示をした可能性もあったと、わたくしは見ている。

古代において、非業の死を遂げた者は霊魂が落ち着かないために怨霊となり、生前の怨みを果たそうとして相手に取り憑き、悪行をすると恐れられていた。そのために名誉の回復をはかり、その主が宿る陵墓を整備してケガレが伝染しないように鎮魂してきたのである。

繰り返すことになるが、長引く安殿親王の病状に、原因が早良親王の「祟り」であることを誰もが考え、恐れていた。これ以上放置すれば、人びとの不安や社会的動揺が増大することは目に見えている。そこで「祟り」を公にし、桓武（朝廷）自身が積極的に、しかも手厚く霊を祀り鎮謝（ちんしゃ）することで、早良に対する人びとの情念を代弁したものと考える。そこには非難の矛先をかわすだけでなく、桓武の人柄に対する信頼感を抱かせるという政治的な効果も期待されていたろう。「祟り」の卜占は巧みに計算された、桓武独特の演出だったとわたくしは見ている。

ともあれ、桓武が新京遷都＝長岡京放棄の意志表示をしたのは、「祟り」と占いが出た半年後であった。年が明けた（延暦十二年〈七九三〉）正月早々、使者を葛野郡宇太村に派遣して、新京予定地の地相調査を行わせている。「祟り」が遷都の引き金になったと見るのも、理解できないわけではない。いわゆる怨霊説である。しかし時空を超えて当事者に取り憑くのが怨霊というものであって、長岡京を離脱すれば早良の祟りから解放されるわけではない。現に桓武は先の占い以後、早良への鎮謝を重ねるが、平安京へ遷ってから、より熱心に霊の慰撫につとめている。

善珠と鎮魂

早良の祟りに関連して、もう一つ留意したいのが桓武の仏教的対応である。延暦十一年、安殿の病気が早良の祟りと卜占されると、僧侶に読経させて鎮撫をはかっている。その僧侶というのが善珠であった。早良が廃太子される時、怨みを抱いてはいけないと諭した興福寺の僧で、それによって早良が潔く死を受け入れたことについては以前に述べた。そうした早良の最期に関わった善珠に、桓武は読経をさせている。『扶桑略記』（延暦十六年正月十六日条）に記すもので、安殿が「親王（早良親王）の亡霊」にしばしば悩まされた時、請いに応じた善珠は祈請し、早良の霊に対して、「親王が都を出る日、遺教を聞き届けた（白業＝善業を修した）ので、私の言葉に従って病悩の苦をもたらすことなかれ」と訴えたという。その後善珠は般若心経を転読し、無相の理（執着を離れた境地）を説いたところ、それが終わらないうちに安殿の病がよくなったと伝えている。

この話がまったくの作り話でないとされるのは、末尾に「已上国史」と注記され、正史からの引用が知られるからである。

読経と病気回復との因果関係はさておき、安殿のために善珠が祈請したことは事実である。延暦十六年正月、安殿の病気を治した功績によって僧正（僧官のトップ）に任命されている。善珠は僧綱に任命されたことがなかったから、破格の任用であったといってよい。安殿の回復に貢献したことは事実であった。善珠が没したのはそれから三ヵ月後であるが、没後、安殿はその肖像を描かせ善珠が開いた秋篠寺に安置したという。善珠は玄昉に師事した学問僧で諸宗に精通し、仏教史のうえでも有数の著述を残している。亡くなった後もそうした善珠の祈請にすがり、安殿は霊の鎮魂を願ったのであろう。

桓武の仏教的対応については、平安遷都後になるが早良の墓に僧をしばしば派遣し、鎮謝を

桓武天皇の怨霊対策

都	年月日		出来事
長岡京	延暦 11(792)	6・10	占いに安殿親王(皇太子)の病気が故早良親王の祟りと出る．諸陵頭調使王を淡路国に遣わしその霊に奉謝する．
		6・17	淡路国の早良親王墓(冢)に堀をめぐらす．
平安京	延暦 16(797)	5・20	早良親王墓に僧 2 人を遣わす．
	延暦 18(799)	2・15	大伴是成(春宮亮)および僧泰信を早良親王墓に遣わす．
	延暦 19(800)	7・23	早良親王に崇道天皇の尊号を追贈し，墓を山陵と追称する．
			大伴是成(春宮亮)，崇道天皇陵に陰陽師・僧を率いて鎮謝する．
		7・26	崇道天皇陵に墓守(淡路国津名郡戸 2 烟)を置く．
		7・28	称城王(小納言)等を遣わし崇道天皇陵に尊号追贈を奉告する．
	延暦 24(805)	1・14	淡路国津名郡に寺(常隆寺)を建て，崇道天皇の冥福を祈る．
		4・ 5	崇道天皇の命日を国忌に入れる．
		4・11	崇道天皇陵を大和国添上郡に改葬する．
		7・27	唐国の品元を崇道天皇陵に献上する．
		10・25	崇道天皇の冥福を祈り一切経を書写させる．
	延暦 25(806)	3・17	崇道天皇の冥福を祈り諸国国分寺の僧に春秋二季の読経(金剛般若経)を命じる．
			桓武天皇崩御．

『日本後紀』『類聚国史』『日本紀略』による

重ねている(前頁の表参照)。墓は下河合の高島の森とも、仁井の天王の森ともいわれ、いずれとも決しかねるが、延暦二十四年(八〇五)正月には山陵近くに寺(常隆寺)を建立し、冥福を祈っている。いわゆる墓寺(陵寺)の原形で、怨霊が宿る陵墓の近辺でその鎮魂を祈ったのである。ちなみに延暦十九年(八〇〇)七月には、早良に「崇道天皇」という天皇号を贈っている。「崇」の字のつく天皇――保元の乱に敗れて淡路に配流された崇徳天(上)皇、時代は下るが足利尊氏によって廃された崇光天皇など――に共通するのは、不遇のなかに没していることで、怨念を抱きながら死んだ故人の恨みをやわらげるための追贈であった。「崇」には「祟り」に重なるイメージがあることによるものであろう。さらに延暦二十四年四月には、親王の遺骸を大和国へ改葬している。いま奈良市八島町にある崇道天皇八嶋山陵がこれで、父光仁陵の近くであるのは、むろん桓武の計らいによる。のち鎮魂を祈り、傍らに八島寺が建立されたが、今は跡地だけになっている。

ともあれ、こうした対応をみても桓武が決して仏教嫌いだったわけではない。政治に介入する奈良仏教を拒否したのであった。

三　棄都の思想

清麻呂の進言

延暦十二年(七九三)正月早々、桓武天皇は大納言藤原小黒麻呂・左大弁紀古佐美らを葛野郡宇太村に派遣して新京予定地の地相調査を行わせている。長岡京を棄て、平安遷都への意志を公表した、これが最初である。六日後(一月二十一日)には、早々と長岡宮の宮殿の一部を壊し、桓武は「東院」に移っている。

桓武に長岡棄都=平安遷都の決断を促したのは、和気清麻呂であった。のちに清麻呂が亡くなった時の薨伝(『日本後紀』延暦十八年〈七九九〉二月二十一日条)に、次のような記述がみえる。

> 長岡新都、十載を経ていまだ功成らず。費あげてかぞうべからず。清麻呂潜に奏す。上、遊猟に託して葛野の地を相せしむ。さらに上、都を遷す。

桓武天皇の遊猟

年	年間回数
延暦 2(783)	1
長岡遷都(延暦3年11月)	
延暦 4(785)	1
6(787)	1
10(791)	1
11(792)	14
12(793)	13
13(794)	13
平安遷都(延暦13年10月)	
延暦 14(795)	11
15(796)	13
16(797)	15
17(798)	11
18(799)	8
19(800)	5
20(801)	7
21(802)	4
22(803)	6
23(804)	6
合計	130

『続日本紀』『日本後紀』『類聚国史』『日本紀略』による

（長岡京は造都工事を十年間やってきたが、まだ完成しない。投入した費用は莫大である。だから長岡京はこのあたりで棄てたらいかがでしょうかと、密かに奏上したところ、これを受け入れた天皇は遊猟に言寄せて葛野の地を調べさせ、遷都が行われた）

清麻呂といえば想起されるのが、蝦蟇（がま）の大群の怪異を報告したことであろう。これがきっかけで、長岡新京の地相調査が実施されたのだが、今回もまた清麻呂は舞台回しの役割を演じたのである。ちなみに桓武は延暦十一年の秋、しばしば遊猟に赴いている（前頁の表参照）。しかも大原野（おおはらの）・登勒野（とろの）・栗前野（くりくまの）・石作丘（いしつくりおか）など新京予定地に連なる場所であり、単なる遊びとは思えない。清麻呂がいう「遊猟に託し」た行幸であり、その際葛野の地を調査させたものと思われる。そんなことから桓武が遷都の意志を固めたのはこの前後、延暦十一年末のこととみて間違いない。地相調査のため、正式に使者が派遣されたのは年明け早々のことだった。

桓武が長岡京の造営を放棄した理由については、様々な意見が出されている。なかでも、皇太子安殿親王の病弱の原因を早良親王の祟りと見る怨霊説、長岡京は水害に弱い地勢で、しばしば洪水に見舞われたためと見る洪水説、造営工事の遅延説などが、その代表である。このうち怨霊説は、棄都に無関係だったとは思わないが、それだけが理由だったと考えられないことは前述した。また洪水説や遅延説についても、遷都以前から予想されたことであり、工事は当然それらを考慮した上で進められたはずである。にもかかわらず造営が順調に進まなかった最大の原因は、事実上の推進者である種継を失ったことにあったと、わたくしは見る。

ちなみに近年では、平安京の造営計画が緻密になされていたのに比して、長岡京の場合は宮城の四至（しいし）（四方の境界）が曖昧なだけでなく条坊設計も定まっていなかったといい、そのために様々な矛盾が造営過程のなかで生じたことが放棄の理由であるともいわれている（網伸也前掲書）。年次が先行された遷都であっただけに、工事が見切り発車で着手された可能性は大であろう。すべては種継の手腕に委ねられていたといってもよい。種継の死が決定的な打撃にならなかったにせよ、長岡京の造営計画が統括的に進められる以前の死であったとなると、工事の根幹部においてダメージを受けなかったはずはない。しかも、種継の後任が継縄であったとすれば、上手くいくとは思えない。いずれにせよ延暦十一年は怨霊問題を含めて、洪水・工事の遅延など様々な矛盾が露呈しつつあったというのが実情であったろう。

そもそも長岡遷都は、桓武が威信と威厳をかけた大事業であったはずだ。それを瓦解しかねない事業の遅延は、いずれ桓武朝の命取りにも繫がりかねない。それを回避しつつ自身の権威を保つには、遷都をやり直して成功させる以外に道はない、というのがこの時期における桓武の判断であったろう。しかし、それを後押しするための合理的な理由付けがなかった。怨霊・洪水被害・計画上のミスなど、どれひとつ長岡京を棄てる上での決定的な原因ではない。歴代遷宮の伝統も、もはや通用しない。大義名分がないのである。どうすれば遷都のやり直しが合法化できるのか、そんな苦悩を慮って、桓武に決断を促したのが、清麻呂の進言であったと考える。

「十年」の意味

進言が桓武に放棄の決断を促したことは間違いない。長岡棄都＝平安遷都において、清麻呂の進言はそれほど重要な意味を持っていた。にもかかわらず、従来の研究においてはこの清麻呂の建言を重視することなく、誰も深く考えようとしなかったことがわたくしには不思議である。進言の意味を理解することなくして、長岡京放棄の真相は解明できない。

もっとも、十年もかけて完成しないから他所へ移ろうという清麻呂の論理は、こんにちの感覚からすれば不可解としか言いようがない。十年もかけたのだから、棄てるべきではないと考えるのがわれわれだからである。しかし、そこには「十年」という年数に込められた意味があった。

わが国では古来、建物の耐用年数をほぼ二十年とみなしてきた。掘立（ほったて）式の柱や瓦葺（かわらぶ）きでない屋根は、通常、それ以上はもたなかったからである。二十年ごとに行われる伊勢神宮（内宮（ないくう）・外宮（げくう））の式年遷宮（しきねんせんぐう）はその典型であろう。これは遷宮を繰り返すなかで形成された観念であり、次の世代へ技術を伝承するためにも必須不可欠の慣習であったと考えられている。すなわち十年という期間は建造物の生命の半ばを意味し、観念の上ではそれを経過すればあとは余命という認識が生じることになる。十年とは、二十年という建物の生命の半分であり、そこから、十年を過ぎたら他所へ移ってもよい、移ろうという理屈が生まれたように思う。わたくしは、これを「棄都の思想」と名づけているが、清麻呂が進言した「十載(年)」という工事期間には、このような特別の意味が込められていた。

清麻呂が「棄都の思想」を持ち出したのは、この時期、まさに伊勢神宮(内宮)の造替が行われていたことと無関係ではない。伊勢神宮は延暦十年(七九一)八月三日夜に盗賊が入り正殿などが焼失、同十四日には参議紀古佐美ら四人が伊勢神宮に派遣され陳謝するとともに修造に着手し、翌十一年三月、その再建工事が完成していた。焼失したのは延暦四年(七八五)に式年遷宮が行われた際の建物である。ちなみに弘仁元年(八一〇)に行われた式年遷宮は、焼失によって再建された、この延暦十一年を基準にしての建て替えである(『太神宮諸雑事記』)。

留意したいのは、桓武の遊猟が激増するのは伊勢神宮が再建されて間もない頃、この十一年の秋以降だということで、したがって遊猟にかこつけて地相調査をさせることになったという先の清麻呂の進言は、再建の前後であったとみてよい。莫大な費用と結びつけて「棄都の思想」を持ち出したのは、この時造替したばかりの伊勢神宮が清麻呂の脳裏にあったからである。

「密かに」奏上した理由

清麻呂の奏上において、もう一つ気になるのが桓武に対して「密(潜)かに奏す」と見えることであろう。清麻呂は人知れず奏上したというのであるが、この「密かに」を政争が内在していたための秘密裏と受け取り、遷都に対する反対派の目をくらます必要上、内密に事を進めたといった理解がある(井上満郎『桓武天皇』)。しかし、それはあり得ない。内密に耳打ちしたとしても遷都が秘密裏に行われるわけはない。現に遊猟を重ねた数ヵ月後、遷都を公表して地相調査のために使者を派遣している。表沙汰にならない遷都など、不可能である。

清麻呂が奏上した「棄都の思想」は伊勢神宮の遷宮を繰り返すなかで形成された観念であり、認識だった。神祇世界において生まれたもので、持統朝からはじまったという伝統をもち、貴族社会にはすでに浸透していた。ただし伊勢神宮の遷宮と皇城の遷都とでは、建物のスケールも違えば投入費用にも桁違いの差がある。果たして長岡京放棄に合理性を与える理由となり得るのか。それまでの遷都の詔に見られた積極的な根拠とは異なり、前例のない理由であっただけに、清麻呂にとっても迷いがあったろう。それが「密かに」奏上した理由と考える。

策に窮していた桓武は進言の機微を察し、ついに決断に至ったというのが、真相ではなかったろうか。清麻呂から進言を受けた桓武は、胸の高鳴りを抑えることができなかったと推察する。そして決断した桓武の行動は、早かった。

葛野郡宇太村へ

延暦十二年(七九三)正月十五日、桓武が大納言藤原小黒麻呂、左大弁紀古佐美らを派遣して葛野郡宇太村の地を調査させたことについては前述した。小黒麻呂は九年前、種継らとともに長岡村の地を視察していたから、長岡村・宇太村とは関わりが深かったことを思わせる。そこで想起されるのが小黒麻呂と秦氏との関係である。

小黒麻呂は秦嶋麻呂の娘を妻としており、生まれた子が葛野麻呂と名づけられている。いうまでもなく平安新京の地、山背国葛野郡に由来するもので、母方の居所にちなむ命名であった。秦氏一族は葛野を中心に広く山背国一帯に分布、居住していた。地相調査に小黒麻呂が選ばれたのも、そうした因縁によると思われるが、平安新京の選定に小黒麻呂が深く関わっていたことを推測させる。

地相調査のメンバーについて留意されるのは、僧の賢璟も一員として視察に派遣されていることである。ただし、これは『元亨釈書』(十三世紀末成立の仏教全書)、『濫觴抄』(事物の始まりを記した書物。十四、十五世紀ごろの成立と推定される)に記すもので、正史には見えないが、桓武天皇と早くから関係をもった僧であり、信じてよい。

賢璟は、皇太子時代の桓武が病気になった時、大和国室生の山中で延寿法を修して快癒を祈ったところ、病気が回復したという。それが機縁で桓武から厚い信頼を受け、桓武朝では大僧都に任じられている。この賢璟は宝亀十一年(七八〇)、伊勢の多度神宮寺の三重塔を建立し、右の桓武の病気平癒の霊験によって、その地に室生寺を創建したと伝えられるなど、造営事業に関心を抱いていたことが知られる。しかも地相などにも詳しかったというから、単なる僧侶

平安造宮使

使 （長官）	従四位下民部大輔 兼東宮学士 右衛門督伊予守	菅野真道
	正五位下右少弁 兼春宮亮	藤原葛野麻呂 （小黒麻呂子）
判官 （第三等官）	従五位下式部大丞 兼大学助	和気広世 （清麻呂子）
	正六位上治部少丞	藤原真成
	正六位上中衛将監	橘　真甥
主典 （第四等官）	正六位上民部少録	飛騨国造青海
	従六位上右京少属	郡　国守
	従六位下摂津首（介ヵ）	住吉浜主 （清麻呂下官）
	従六位下相模大目	下道継成

『掌中歴』による

というだけではなかったようだ。そうしたことから判断すると、地相調査に加えられたのも不思議ではない。

ちなみに小黒麻呂はかつて伊勢守に叙任されて以来、多度神宮寺を介して賢璟と親交があったようである。小黒麻呂も、賢璟の土地勘といったものに期待するところ大であったといえよう。もっとも賢璟は、平安遷都を見ることなく、この年（延暦十二年）十二月に亡くなっている。調査からわずか十ヵ月余り後であった。

造平安宮使の顔ぶれ

平安新京は山背国の葛野郡と愛宕郡にまたがっている。この地が選ばれたのは一つには、山陰道や東海道とも接続し長岡京以上に水陸の便があったこと、二つには、延暦十三年（七九四）十一月の詔にも見えるように、「四神相応の地」であり、「山河襟帯、自然に城を作す」という「形勝（けいしょう）」の地であったことが主たる理由であったと思われる。

どの都造りでもそうだが、必要物資の調達や役夫の動員にあたったのが造宮機関である。平安京でも当初は長岡京と同様、造宮使が設けられた。『掌中歴（しょうちゅうれき）』（十二世紀、三善為康（みよしのためやす）撰）によると、平安造宮使は表のような顔ぶれである。これを先の造長岡宮使と比較すれば、規模は官人の位階では下回り、また長岡京の種継に匹敵する人物が見当たらないことに気付く。しかし、子細に検討すると桓武の明確な思惑がうかがえる。

すなわちその一つは、和気清麻呂カラーが強いことである。造宮使（長官）の一人である菅野真道（すがののまみち）は民部大輔（みんぶたいふ）（民部省の次官）を本官としていたが、長官（民部卿）は清麻呂で、この時上司と部下という関係にあった。それは清麻呂が亡くなるまで続いている。また造宮判官に任じられた和気広世（ひろよ）は清麻呂の長子であり、造宮主典（さかん）となった飛驒国造青海（おうみ）や住吉浜主（すみよしのはまぬし）がそれぞれ民部省や摂津国の関係者であるのも、清麻呂が当時摂津大夫兼民部卿であったことを考えると、その人脈に連なる者たちであったといえる。

二つは、藤原小黒麻呂の子、葛野麻呂の参画（もう一人の造宮使）である。小黒麻呂が清麻呂とともに遷都・造都に関わりが深かったことについても前述したが、延暦十三年四月、桓武は小黒麻呂のために東大寺正倉院から甘草（かんぞう）・大草・人参・呵梨勒（かりろく）・檳榔子（びんろうじ）の五種の薬草を求めているから（『平安遺文』十一号）、当時すでに体調が悪かったようである（同年七月に没）。そのため、子の葛野麻呂が任命されたものと思われるが、清麻呂の子、広世の参画と対をなす点では、ここにも桓武の思惑が表れており興味深い。

ちなみに葛野麻呂（四十歳）は、当時皇太子安殿親王の春宮亮を兼任していたが、真道（五十四歳）も延暦四年、安殿が立太子して以来東宮学士を兼任していた。また知られるように真道は百済系の渡来氏族で、秦嶋麻呂を祖父（母方）とする葛野麻呂と共通するところが多い。この二人が造宮長官に任じられたのは、清麻呂の人選によるものであろうが、それが桓武の意を受けてのことだったのは、いうまでもない。平安京の造営を考えるうえでは、はなはだ興味深い。

平安造宮使の人選に清麻呂が深く関わっていたことは、間違いない。桓武による二度の遷都事業に、そのつど深く関与した清麻呂が、これまで造宮使にならなかったのが不思議といえば不思議であるが、桓武の助言者に撤したのであろう。桓武と清麻呂とのこうした関係を考えると、長岡棄都の「密かに」奏上した清麻呂の腹心的立場も納得される。

桓武の拠り所

こうして京都盆地に平安新京が造営されることになった。桓武にとっては二度目の都造りである。しかも種継に匹敵する人物がいなかったことから、桓武自身、長岡造都に比してはるかに主体的かつ積極的に関わっている。

すなわち桓武は、延暦十二年、東院に遷御した翌二月、参議治部卿壱志濃王らを使者として遷都のことを賀茂大神に奉告、三月には早速自身が葛野に行幸して、新京（平安京）を巡覧している。工事の巡覧はこれを手始めに七月、八月そして十一月と重ねられ、翌年十月に遷都するまでの間、五回にも及んでいる。長岡遷都の時には見られないことで、関わり方に格段の差があった。しかもこの巡覧は新京に遷ってからも(当然のことながら事業は継続していたから)、大内裏(宮城)内の視察を含めて連年のごとく行われ、延暦十七年(七九八)のごときは八回にも及んでいる(次頁の表参照)。

平安新京にかける桓武の意欲は、二度目の都造りであり失敗は許されないという思いと無関係ではない。桓武にとっては背水の陣を敷いての遷都であった。ただし平安遷都の場合、長岡遷都時ほどの緊迫感がなかったことは、確かである。即位からすでに十年が経ち、もはや桓武を否定する動きはみられない。それどころか、息子の安殿親王を立太子したことで皇位の直系継承(光仁→桓武→安殿親王)はすでに正当化され、桓武の立場は不動のものとなっていた。

桓武の並々ならぬ意欲は、平安遷都の前後、宮都の周辺各地においておびただしい遊猟を行っていることにも示されている。天皇の遊猟もまた、専制君主としての威厳を植え付ける政治的行為であった。そうしたなかで見逃せないのは、桓武のミウチ意識に対する高揚感である。

『日本紀略』によると、延暦十二年正月、地相調査をさせて自らが東院に遷御したあと、二月に賀茂大神や三月に伊勢神宮に遷都を奉告、つづいて山科(天智)・先田原(施基皇子)・後田原(光仁)の各山陵にも奉告させている。遷都の奉告が山陵になされた初めての例であるが(前

桓武天皇の京中巡幸

視察が「京中」の場合は日付のみを，それ以外の場合は〈　〉内に記載

年	月・日
延暦12(793)	3・1〈葛野に幸し，新京を巡覧〉，4・3〈葛野に幸す〉，7・4〈新宮を巡覧〉，8・26〈京中を巡覧〉，11・2〈新京を巡覧〉
延暦13(794)	4・28〈新京を巡覧〉，10・22〈新京に遷る(平安遷都)〉
延暦14(795)	7・12，8・19〈朝堂院に幸し，匠作を観る〉，9・4〈東院に幸す〉，12・11(『日本紀略』12・1)，12・18
延暦15(796)	3・25〈朝堂・諸院を巡覧(『日本紀略』4・24)〉，4・10，8・21，8・25〈大蔵省に行幸〉，12・14
延暦16(797)	1・20，2・1，2・20，5・7
延暦17(798)	1・19，2・9(『日本紀略』2・8)，2・26(『日本紀略』2・25)，3・1，3・5，5・8，5・14，8・10
延暦18(799)	6・23，8・7，11・11，12・24
延暦19(800)	3・18，4・10，4・23
延暦22(803)	4・11
延暦23(804)	2・20，8・19

『日本後紀』『類聚国史』『日本紀略』による

述）、それ以上にこの奉幣が留意されるのは、聖武陵が除外されていること、施基皇子に初めて奉幣されていることである。その結果、対象が天智・施基・光仁という桓武に直接関わる天皇、すなわち桓武の先祖に限られたことになる。

桓武におけるミウチ意識は、早良廃太子の奉告によって覚醒、強化されつつあったことは前述したが、それはこの平安遷都の奉告によって明確に

位置づけられたといってよい。先祖への顕彰である。そして以後、皇統に代わってこのミウチ意識が桓武の拠り所になっていくことは、きわめて重要である。翌十三年正月、大伴弟麻呂（おとまろ）を大将軍とする蝦夷征討にあたっては、天智・光仁の山陵に奉幣し、最晩年の延暦二十四年（八〇五）七月、前月に帰国した遣唐大使藤原葛野麻呂の将来した唐物を天智・光仁と、崇道天皇こと早良廃太子の三陵に奉っている。祖先への追慕、傾斜の表れが、桓武自身の立場を合理化する「拠り所」とされたのである。したがって、この桓武体制が定着すれば、皇統意識はむろんのことミウチ意識さえも必要ではなくなり、その後は平安京を造った桓武が直接の祖とされるようになっていく（瀧浪「桓武天皇の皇統意識」『日本古代宮廷社会の研究』所収）。山陵奉幣のあり方の変化は、まさにそうした推移を反映しているといってよいであろう。

第六章　帝王の都――平安新京の誕生

一　新京賛歌

宅地班給

平安遷都（造都）は、長岡造都における経験と反省の上に立って緻密に計画され、その上で実施に踏み切っている。延暦十二年（七九三）正月、地相調査が行われた六日後、宮殿を壊すために桓武が東院に遷御、三月に入り、自ら葛野に行幸して新京予定地を巡覧している。正式に視察するのは初めてであったが、事業の体制が整ったと判断したのであろう、同七日、土地の収用が命じられた。伝えによれば紫宸殿前にある「右近の橘」は、もと秦河勝の屋敷にあったものという。また大内裏（宮内省の西北隅）に祀られた園韓神社は、養老年間（七一七～七二四年）に藤原氏が創建したと伝えられ、『古事談』には、造都工事に際し、他所に移そうとしたところ、「なお、ここに座して帝王を護り奉らん」との託宣があったので、そのまま宮内省に鎮祭したという言い伝えを収めている。いずれも伝承にすぎないが、平安新京の（予定）地は、以前から人びとの住む良好地であったことは確かである。そこでまず宮域（大内裏八十町）に入るところ四十四町に対して価直を与え、強制的にこれを収用している（三月七日）。長岡京の場合、収用地は五十七町であった。ついで六月には諸国に宮城門を造営させている。

平安京の場合、綿密に計算された設計にしたがってまず内裏・大内裏域を整備し、役所を建造する一方、京中では道路や溝・橋などのインフラが整備され、町割りや区画整理が行われた。その上で京内の宅地が公卿や官人たちに班給されている。延暦十二年九月、造宮長官である菅野真道と藤原葛野麻呂が班給使に任命されている。造都工事の開始からわずか八ヵ月のことで、工事がスムーズに進められていたことが知られよう。すべては周到な造営計画と都市設計図の作成による。

宅地班給は親王・内親王をはじめ大臣公卿から一般庶民まで、いわゆる京中住民が対象で、支給額は身分に応じて与えられた。班給は貴族官人らを京中に集住させるのが目的で、造都事業の一環でもあった。受給者たちは、それぞれの責任において班給された宅地に邸宅・家屋を造ったのである。その際、住宅建造費の一部を支給し、助成をするといったこともあった。延暦十三年（七九四）七月、正税（国稲）一万一〇〇〇束が百済王明信・和気広虫ら後宮女官十五人に支給されたことが知られている。いずれも桓武の信頼を得た女性たちであった。ちなみにこれに先立つ六月二十五日、諸国から五〇〇〇人を動員して新宮の掃除が行われ、七月一日には長岡京から東西の市が移転されているから、平安京が都市として機能しはじめたのに伴う助成であった。桓武の遷御に備えてのもので、女官に対しても移住に向けての準備に当たらせたのである。

都造りの労働力

造都には大量の労働者が動員された。造宮役夫と称される人びとであるが、大別して二種あった。一つは、単純労働に従事する役夫であり、二つは、技術系の役夫である。

前者は諸国から動員された公民百姓である。人数の上では圧倒的多数を占め、労働条件は雇役(えき)といって無償ではなく工賃・食料が支給された。そうしたことから雇民(こみん)(雇夫)とも呼ばれたが、割り当てによる動員であったから、事実上は強制労働といってよい。

都造りのために動員された役夫の数は、長岡京の場合、造都が始まって間もなく三一万四〇〇〇人が「和雇(わこ)(雇役)」したことが知られている(延暦三年七月)。おそらく計算上で必要とされる延べ人数であり、これだけの膨大な役夫を一度に動員しようとしたものではなかろう。平安京については、先述した新宮の掃除に役夫五〇〇〇人が徴発されたというのが初見で、延暦十六年(七九七)三月には遠江(とおとうみ)・駿河(するが)・信濃・出雲などの国から雇夫二万四〇人が動員されている。労働力を常時確保しておくために一定のスケジュールに基づき、農繁期・農閑期などの季節や地域などを考慮しつつ、各国へ割り当てたものと思われる。

後者の技術系造宮役夫は諸国匠丁と呼ばれ、このうち木工技術者たちの中心になったのが飛騨匠である。飛騨国から動員されたことによる呼称であるが、高い建築技術が買われて早くから造都事業に関わってきた。飛騨匠については、羅城門の造営にまつわるエピソードがよく知られている。九世紀末、宇多天皇が年少の醍醐天皇に与えた教訓の書といわれる『寛平御遺誡』に記すもので、桓武天皇と羅城門の建造にあたった工匠とのやり取りである。

新京の造営をたびたび巡幸した桓武は、建設中の羅城門を見て工匠に門の高さを五寸低くせよと命じた。その後、桓武が低くしたかと尋ねたところ、低くしましたと答えた工匠に対して、五寸高くすべきであったと後悔した。これを聞いた工匠は地に伏して失神した。不思議に思った桓武が問いただすと、蘇生した工匠が、じつはウソをつきました。低くはしませんでしたと答えたが、桓武はその罪を許したという。工匠というのは、むろん飛騨匠である。

造営の中核となった工匠たちのプライドと、造都にかけた桓武の意気込みが伝わってこよう。宇多天皇がこの話を取り上げたのは、工匠の振る舞いを許した桓武の寛大さを、教訓として伝えておきたかったものと思われる。

辛酉の日の遷都

桓武天皇が平安新京に遷ったのは延暦十三年（七九四）十月二十二日である。延暦十三年は干支では甲戌の年であるが、十月二十二日は辛酉の日、すなわち古代中国の讖緯説でいう「革命」の起こるときにあたる。桓武が即位した天応元年（七八一）も辛酉の年であったことを考えると、新京への遷都に際してこの「辛酉」が意識されていたことは間違いない。長岡遷都のときと同様、平安遷都に際してもそうした良い日が選ばれたのである。

三日後の二十五日、造宮使および山背国が奉献したのを皮切りに、連日、畿内諸国などから祝いの品が献上されるなか、二十八日に至って桓武は遷都の詔を発している。「葛野の大宮の地は、山川も麗しく、四方の国の百姓の参り出で来る事も便にして」と言い、風光明媚な土地柄と交通の便利さを強調している。そのうえで新京の所在地である山背国愛宕郡と葛野郡の今年度の田租が免除された。留意されるのは遷都の詔が発せられた同じ二十八日、征夷大将軍大伴弟麻呂から戦勝報告がなされていることである。桓武による東北遠征については次章で詳述するが、報告は多分に桓武のパフォーマンス的要素が強い。東北での戦果は四ヵ月前の六月、「副将軍坂上大宿禰田村麻呂以下、蝦夷を征す」（『日本紀略』）との報がすでに届いていた。今回は斬首四五七級、捕虜一五〇人、捕獲した馬八十五疋、焼落とした村落七十五処との具体的な報告であったが、遷都の詔に合わせての奏上だったことは明らかである。

遷都に関連してもう一つ注目したいのが、『続日本紀』の編纂である（詳しくは次章）。『類聚国史』によれば遷都二ヵ月前の八月、右大臣藤原継縄らが国史編集事業の終わったことを報告している。淳仁朝から光仁朝までの国史（光仁天皇の命によって編纂が行われたが、史書としては不十分であった）の修訂を命じられていた。そこで継縄らは二十巻あった光仁朝時代の史書を十四巻にまとめて編集しなおしたものを撰進し、この日勅によって図書寮へ納められている。明らかに新京への遷都を意識しての撰進だった。

蝦夷征討の勝利と国史の完成（一部）は、遷都への期待感を最大限に盛り上げたに違いない。すべては演出好きの桓武によって計画されたものと考える。平安遷都が桓武に威厳を与え、専制君主たらしめる上で大きな役割を果たしたことは、確かであろう。

平安京という宮都名

遷都から二十日ほど後のこと、十一月八日、桓武は詔を下し、この新都を平安京と名づけている。その詔というのは次のようなものであった（『日本紀略』）。

此の国、山河襟帯、自然に城を作す。斯の形勝に因りて新号を制すべし。よろしく山背国を改めて山城国となすべし。また子来の民、謳歌の輩、異口同辞にして、号して平安京という。また近江国滋賀郡の古津は先帝の旧都にして、いま輦下に接す。昔の号を追いて大津と改称すべし。

（この国は山や川に囲まれて、敵を防ぐのに便利で、自然に要害の城となっている。このすばらしい地勢にちなみ、新しい国号を制定すべきである。そこで山背国を改めて山城国とせよ。また、天皇を慕い、その徳を称える人々は、口を揃えて平安京と呼んでいる。また、近江国滋賀郡の古津は天智天皇が都を置いたところで、いま平安京に隣接している。そこで、昔の地名に従って大

津と改称せよ）

平城京にせよ、長岡京にせよ、これ以前の宮都がすべて所在地の名をとって命名されたのに比して、平安京は従来の慣例とはまったく異なる基準で名づけられた。しかも、その名は桓武の徳を慕う人びとが口を揃えて「平安京」と称したことによるという。文字通り、社会の平安と安寧を保った都でありたいとの願いが込められた呼称であるが、むろん名づけたのは桓武自身である。ただし、それは自分が決めたのではなく、「子来の民、謳歌の輩」が口を揃えて「平安京」と唱えたことによるという点を強調したのが、この詔である。遷都への気分を盛り上げ、新京に対する人びとの期待感を吸い上げるための措置であったと思う。これもまた、桓武の演出によることはいうまでもない。

詔でさらに注目されるのは、それまで都のあった大和から見れば「山背」国であったのを、その景勝にちなんで「山城」国と改めていることである。しかも「輦下」、すなわち新都平安京の膝下であるとの理由で、古津を大津と改称している。ここにいう大津(京)が「先帝(天智天皇)の旧都」であることはいうまでもない。六六七年、白村江の敗戦によって天智天皇は都を飛鳥から大津に遷したのであった。五年後に起こった壬申の乱(六七二年)によって廃絶し、いつしか古津と呼ばれるほどに寂れていたようだ。

「先帝の旧都(大津)」には、曽祖父天智に抱く追慕の念が込められている。しかし、そのこと以上に古津から大津への改称が留意されるのは、遷都に伴い、大津が平安京の外港として位置づけられたことにある。時期は下がるが十世紀、平将門（たいらのまさかど）が関東に王城を営んだ時、「相馬ノ郡大井ノ津ヲ以テ、号シテ京ノ大津トセム」（『将門記』）としている。大井津を京の大津になぞらえたというのであるが、平安京にとっての外港である大津が、将門の王城にも用意されたということは、興味深い。

新京楽　平安
楽土　万年春

遷都の翌年、延暦十四年（七九五）正月十六日、宮中では宴が催され、踏歌（とうか）が奏された。踏歌とは、文字通り人びとが足を踏みならし、拍子をとりながら男女が歌い舞うもので、歌の終わりに「万年阿良礼（あられ）（永遠にそうであってほしい）」という囃子（はやし）ことばが入ることから「阿良礼走（あらればしり）」ともいわれ、当時宮廷では年始を祝う恒例の行事になっていた。もともとは古代中国の芸能であり、飛鳥時代にわが国に伝来したものである。このとき桓武天皇に奏された踏歌に際して歌われた最初の一節を掲げておこう。七言絶句（しちごんぜっく）の漢詩で、呉音（ごおん）でそのまま詠まれた。

山城顕楽旧来伝（せんじょうけんがくぐらいでん）　山城、楽を顕らかにして、旧来伝ふ
帝宅新成最可憐（たいじゃくしんじょうさいかれん）　帝宅、新たに成りて、最も憐れむ可し
郊野道平千里望（きょうやどうびょうせんりもう）　郊野、道平かにして、千里を望む
山河擅美四周連（せんがぜんみししゅうれん）　山河、美を擅にして四周連なる

（山城国が安楽の地であることは、古くから伝えられている。その山城国にいますばらしい帝都ができた。都の郊外には野がひろがり道が続いて、千里のかなたまで望見できる。そのなかに山河が美を思う存分に示して周囲に連なっていることよ）

侍臣たちがそのあとを承けて、次のように囃す。

新京楽（しんきょうがく）　平安楽土（びょうあんがくつ）　万年春（まんねんしゅん）

（新しい都、平安京は安楽であり、万年も栄えよ）

新造なった平安京のすばらしさと目出たさを歌ったもので、ここでは省略するが、二節目は「平安」を宮号とした新京は永遠の都であると称えている。そして三節目で天皇を「北辰（北極星）」にたとえ、天皇を中心に秩序が整えられているとして桓武天皇を称讃し、最後の四節目で桓武の造った平安京が永遠に続くようにと歌っている。

一節ごとに侍臣たちが囃す「新京楽　平安楽土　万年春」との間（あい）の手には、平安京がいつまでも安楽で穏やかな都であってほしいと願う人びとの期待と祈りが込められている。

それから三ヵ月後の四月十一日、桓武は曲宴（臨時で開かれる内輪の宴会）を催し、自ら古歌を詠じて新京を讃美している。本書「はじめに」で紹介した古歌は、この時に明信との間でやり取りされたものである。明信が応答できなかったために、桓武の独り相撲に終わったが、自らが主人公となって詠じたこの新京賛歌は、いかにも桓武らしいパフォーマンスであった。

ちなみに、桓武天皇については「文華を好まず」、即位後は「心を政治に励まし」た政治人間だったというのが正史（『日本後紀』）の評価であり、和歌を詠む桓武に違和感を覚えるかも知れないが、桓武の歌はこの他五首が伝えられている。そのうちの一首、延暦十七年（七九八）八月、北野に遊猟した時に立ち寄った伊予親王の山荘で酒宴を開いた桓武は、次のような歌を詠んでいる。

桓武天皇と和歌

今朝のあさけ　なくちふ鹿の　その声を　聞かずばいかじ　夜はふけぬとも

（今朝鳴くと聞いていた鹿の声を聴くまでは、夜更けになっても帰らないぞ）

何事にも完璧を期する桓武の性格が滲み出ているようで興味深いが、詠み終わった後、たちまち鹿が鳴いたので、喜んだ天皇は群臣たちに唱和するようにと命じている。百済王明信にせよ、この時の群臣たちにせよ、桓武は人びととの交流や絆といったものを大切にしたようだ。そうした桓武の人柄を伝える秀逸な一句は延暦二十二年（八〇三）三月二十九日、出立する遣唐使一行を内裏に招き、饗応した時に詠んだ歌であろう。すなわち、酒宴がたけなわとなった時、桓武は大使の藤原葛野麻呂を近くに招いて盃を与えた後、自ら次の一首をうたったのである。

このさけ（酒）は　おお（おおろか）にはあらず　たいら（平）かに　かえり（還）きませと　いわい（祝）たるさけ（酒）

（この酒は普通の酒ではない。無事に帰国できるようにと祈りを込めた酒である）

聞くほどに葛野麻呂の両眼からは「雨の如」く涙があふれ、頬を伝わったとある（『日本紀略』)。葛野麻呂は、長岡・平安造都にも活躍した小黒麻呂の子であり、自身も平安造宮使になった桓武の信任厚い廷臣であったが、感激はいかばかりであったろうか。じつはこれより二十日ほど前の三月六日、藤原清河(唐名は河清)に正二位を贈っている。清河は藤原房前の子で光明皇后の甥にあたり、孝謙天皇時代、遣唐大使に任じられ、天平勝宝四年(七五二)に節刀を賜り入唐する。しかし、帰途遭難して唐へ戻り、かの地で亡くなった。出発に先立ち、春日の地で平安無事を祈る祭りが行われ、光明皇后は「どうか神様、大過のないように守ってやって下さい」との歌を清河に賜っている。これに応えて清河も「必ず帰ってきます」と歌を詠んだのであった(『万葉集』巻十九—四二四〇・四二四一)。桓武が葛野麻呂に歌を贈ったその脳裏に、光明皇后と清河とのやり取りがあったに違いない。葛野麻呂にとって清河は一族(北家)の大叔父にあたる。清河に正二位を贈ったのも、葛野麻呂への秘かな餞であった。この時の様子については、後にもう一度想起することにしたい。

ともあれ、桓武が明信との間で古歌をやり取りした時、新都平安京にはまだ大極殿もできてはおらず、工事はスタートしたばかりであった。これから十年間、造都事業が連綿と続けられるのである。

二　造宮使から造宮職へ

清麻呂と真道

延暦十五年（七九六）正月一日、桓武は遷都以来はじめて大極殿の高御座に御し、朝賀を受けている。したがって大極殿は前年中に完成していたのであろう。前年五月、造宮使主典（造宮使の第四等官）以下、将領（非常勤の工人か）以上の一三九人にそれぞれの功績に従い位階が授けられている。下級官人にまで授位するのは遷都以来はじめてで、おそらく大極殿を中心とする工事が一段落したことによるものとみてよい。ちなみに、完成した大極殿で朝賀を受けた年の三月を最後に、桓武の大内裏内巡幸の記事が見えなくなるから、この頃までに大内裏内の主要殿舎もほぼ出来上がったと思われる。なお、遊宴の場とされた豊楽院の完成は遅れ、延暦十九年（八〇〇）のことであった。

それはともかく造都以来三年を経た延暦十五年六月前後のこと、造宮使の組織が造宮職に改変されている。宮城の主要部分が完成した頃で、工事が宮中から京中へ拡大されたのに伴う措置だった。先述したように、宮中に代わって桓武の京中巡幸が目立って増えるのが、そのことを端的に示している（第五章一六六頁、表参照）。

これに関連して留意したいのが、改変された造宮職の長官（造宮大夫）に和気清麻呂が任命されていることである。しかもその結果、造宮使時代の長官であった菅野真道が造宮亮(すけ)（次官）となり、清麻呂の下に位置づけられたことになる。いわば、真道にとって形の上では格下げとなり、左降である。いったい、どういうことなのか。この人事をどのように理解すべきなのか。

ちなみに翌七月、造宮職の官位を中宮職に準ずることとし、ついで十月には造宮職算師(さんし)（物数の計算に当たる）を従八位相当の官に定めているから、この時期、造宮機関の組織的な拡充・整備が行われ、事業の新たな推進がはかられたことは間違いない。そこで見えてくるのが、右の不可解と思われた人事の背景である。

長岡京時代の延暦十一年六月、清麻呂が民部大輔から民部卿に昇任したあとをうけて真道が民部大輔に任じられて以来、二人は一貫して上司と部下の関係にあった。そうしたことを考えれば、造宮職への改変のもう一つの意図は、真道の立場を実質的には変えないで、清麻呂を造宮大夫（長官）に任命するための便法であったというのが、わたくしの理解である。

当時、真道は五十六歳であったが清麻呂の年齢（六十四歳、二年後に致仕を願い出るも許されなかった）からすれば、真道が事実上の事業推進者であったことは造宮使時代と変わらなかったはずである。すなわち、造宮組織の改変は、それによって清麻呂を上位（長官）に位置づける一方、真道も事実上の事業推進者としてほぼ同じ地位を踏襲することができたわけである。先に述べたように、二年後に清麻呂（六十六歳）が辞職を願い出ていることから推察するに、清麻呂の造宮長官就任は、長年にわたる清麻呂の功績に対する褒賞の意味があったのではなかろうか。造宮使から造宮職への改変は、むろん工事の京中への拡大に伴う措置であった。清麻呂を長官に任命し、より強力な体制を作り出そうとしたものであるが、そこには清麻呂に対する桓武の深い想いが込められていたように、わたくしには思われる。ただし、造宮使から造宮職への変更が規模の上で格上げ(中宮職に準じる)されたとしても、造宮機関としての組織や体制に本質的な変化はなかったといってよい。

ところで平安京造宮使(職)で注目されるのは、清麻呂も真道も現役の民部省の官僚だったということである。長岡京を含めて、これ以前の造宮官に軍事関係者が多かったことについてはすでに述べたが、平安京の場合は国家財政を担う清麻呂(民部卿)や真道(民部大輔)らが中心人物となっていることが顕著な特徴である。これは造営事業を進める上で、軍事面より経済問題が重視されたことを物語る。どの宮都でも政治的な緊張を伴う点で変わりはなかったが、それまでの経験から、平安京では経済第一義に方針が移行されたものと考える。

清麻呂は「庶務に練達して、もっとも古事に明るし(庶務に熟達して過去の事例に通暁していた)」といわれた典型的な民部官僚であった。二十年に及ぶ在任中には、諸官庁での執筆の先例をまとめた『民部省例』二十巻も撰進している。長岡京の膨大な失費を桓武に指摘したのも、経済官僚ならではの発言であった。しかも部下の真道は『続日本紀』などの編纂に携わり、国政にも通じていた。先の『民部省例』の撰進は真道の協力あってのものだったと考えてよい。真道は、清麻呂のもっとも信任する部下であった。

しかし、清麻呂＝真道のコンビも延暦十八年(七九九)二月、清麻呂が没したことで終わった。四月、清麻呂の後任として藤原内麻呂(うちまろ)が造宮大夫に任じられている。また延暦二十三年十一月に石川河主(かわぬし)が造宮亮として見えるから、真道は清麻呂が没した時点で、造営事業から退いたのではないか。清麻呂の死とともに、平安京の造営事業は一つの時代を終えたことになる。

藤原種継が長岡遷都に多大な役割を果たしたことは間違いない。しかし、長岡・平安遷都を通し、一貫して造都事業に携わったという点で、清麻呂の役割は無視できない。桓武が威信をかけた「山背」遷都・造都は、清麻呂の存在あってのものだったことを認識し、もっと評価する必要があろう。

朝堂院と豊楽院

桓武の平安遷(造)都に対する姿勢は、宮殿の規模や構造にも表れている。

その一つが朝堂院である。いわば総合庁舎の役割を持つ建物で、大極殿を正殿とし、国家的儀式が行われるハレの場でもあった。平城宮では十二堂であった朝堂院が長岡宮で八堂とされたのは、難波京から移建したものをそのまま利用したからで、意図的に規模が縮小されたわけではない。それが平安宮で十二堂に戻されているのは長岡造都での経験を踏まえての判断であり、二度目の都造りに対する桓武の意欲の表れといってよい。

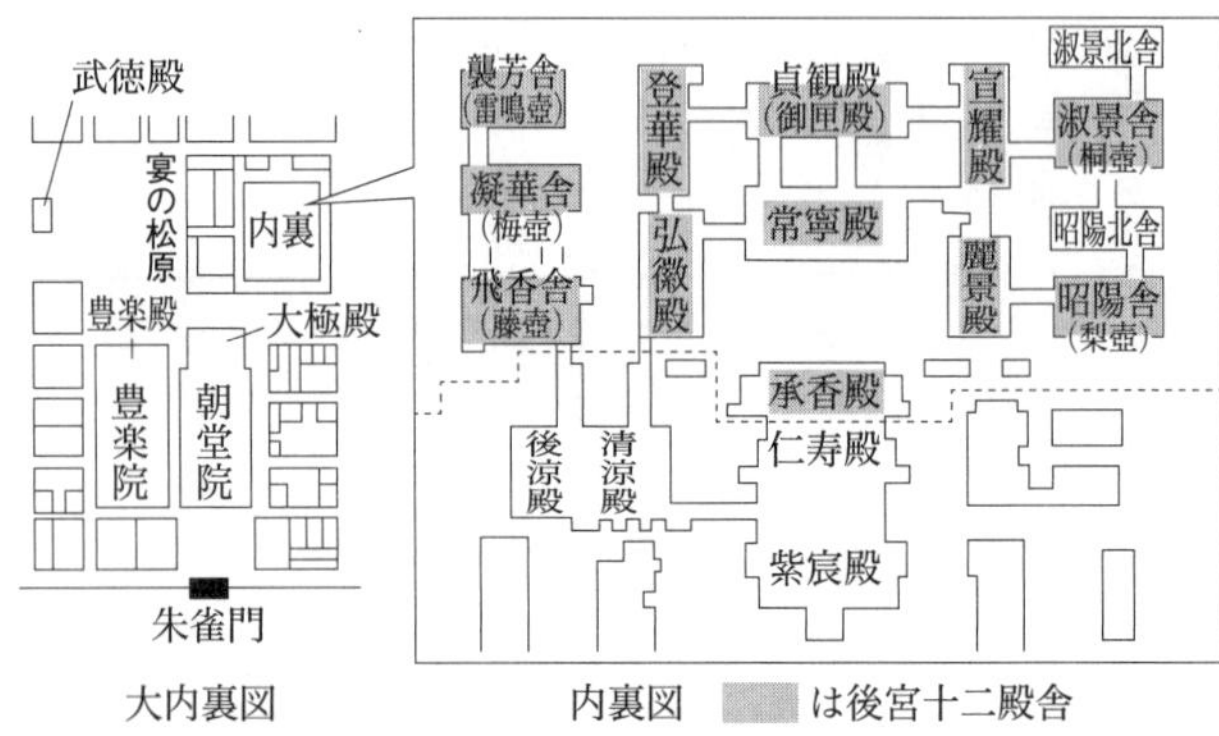

大内裏図　　内裏図　▒は後宮十二殿舎

ちなみに正殿の大極殿については平安時代中期の編纂になる『口遊(くちずさみ)』に、出雲大社の本殿・東大寺大仏殿に次ぐ巨大建築物であったと見える。その大きさが当時の人びとの目を引いたようであるが、平安宮の大極殿は長岡宮のものを移築したと考えられているから、建物数の増加など建築設計の上で大幅な変更がなされたものと思われる。それは使用された瓦の大半が新しい平安京式のものであること、棟や軒が鮮やかな緑釉(りょくゆう)瓦で装飾されていること、などにも表れている。もともとは官人たちが出仕し政務を行う場であった朝堂院だが、桓武朝では次第に形式化し、朝賀や即位式など重要な儀式が行われる国家のシンボル的な場となりつつあった。大極殿の巨大化、壮麗化もまた、そうした変化に対応する桓武の政治姿勢を読み取ることができよう。

なお、桓武天皇を祭神とする京都の平安神宮の拝殿は平安宮の大極殿を模したもので、実物の約八分の五の大きさであるという。ただし当初の大極殿は廟作(びょうさく)（四注(しちゅう)造）であったから(『左経記』)、いま見る平安神宮拝殿(入母屋造)ではない。この形式は、延久四年(一〇七二)に再建されて以後のものである。

話を戻すと、平安宮の特徴となるその二は、豊楽院である。朝堂院の西側に設けられた、朝堂院に匹敵する一郭で、平安宮で初めて登場した。大嘗祭をはじめ、元旦節会や白馬の節会など年中諸節会が催されたところであるが、前述したように完成は大内裏内の他の建物よりも遅れたようである。瓦はすべて新しい平安京式のものが使用され、棟と軒は大極殿と同様、緑釉瓦で葺かれていたという。それ以前の宮殿になかった初めての施設であり、それだけに桓武の一念がうかがえる。朱雀門を入ると朝堂院が、その西側に豊楽院が並び立ち、新しい様式で葺かれた緑釉瓦の煌びやかな光景は、壮観だったに違いない。

宴の松原

特徴となるその三が、豊楽院の北に広がる広場、「宴の松原」と呼ばれる空間である。これも平安宮において初めて設けられたもので、内裏の西から武徳殿に至るまでかなり広く、東西は約二五〇メートル、南北は約四三〇メートルに及ぶ。「宴の松原」については『日本三代実録』に怪奇な話が記されている。

仁和三年(八八七)八月十七日の夜も更けたころ、宴の松原を西から東に向かって美女三人が歩いていた。ふと見ると松の木の下に美男子がいるではないか。そこで美女の一人がその男と手をとって語らう。女はうっとりして……。しばらくして話し声が聞こえなくなった、と思うと、女の手足が折れ、首がなくなっていた。知らせを受けた役人が飛んで行くと、女の屍体はすでに消え失せていた。これはきっと鬼が男に姿を変えてこの殺人を犯したのであろう、ということで事件は落着している。同類の話は『大鏡』や『今昔物語集』にも収められている。また『大鏡』には、藤原道隆が弟の道長と肝試しをし、右衛門陣から豊楽院へ行くハメになったが、途中、宴の松原あたりまで来たところ、どこからともなく聞こえてくる得体のしれない声におののき、一目散に逃げ帰ったという話がある。摂関家の御曹司、道隆・道長兄弟の若き日のエピソードであるが、先の話とともに、宴の松原が早くから鬼も出るという噂が生まれるほどに不気味な場所であったことが知られる。

しかし、いったい何のために設けられた空間だったのか。

宴の松原は「縁の松原」とも書き、『栄花物語』に後冷泉天皇の中宮章子内親王に仕えた女房が、過去を懐かしんで「あはれにも　今は限りと思ひしを　まためくりあふ　えんの松はら」という「縁」にちなんだ歌を詠んでいる。「宴」の文字からいって野外での饗宴の場とされたものと思われるが、その事実を示す史料はない。唯一目についたのは『今昔物語集』に収める話で、比叡山の実因僧都なる強力の持ち主が、衣を盗もうとした男をこらしめるために自分を背負わせ、宴の松原に行って月見をしたという。しかし、これも「宴の松原」という呼称から連想された話かも知れない。

そこでわたくしが想起するのが歴代遷宮の慣例である。飛鳥時代、天皇ごとに宮殿が遷された慣習である。この伝統は縮小、変形されながら平城天皇の時代においても継承されてきたことは、すでに述べたが、そもそも桓武が長岡遷都＝平城棄都に際して大義名分としたのがこの伝統であった。そんなことから考えると、伊勢神宮と同様、内裏を建て替えるための予備空間（代替地）として用意されたものと推測される。じじつ内裏がすっぽり入る空間であり、内裏の西にある宴の松原こそ建て替え場所にふさわしいとわたくしは考えるが、史料の上で使用された痕跡がない。「宴の松原」という呼称も当初からではなく、豊楽院（饗宴の場）の北に広がる場所にちなんで、いつしか名づけられたものであろう。

平安宮内裏に関連して、もう一つ述べておきたいのは、清涼殿（せいりょうでん）についてである。通常、内裏における天皇の居所といえば誰しも清涼殿を考えるであろう。しかし、当初設けられたのは仁寿殿（じじゅうでん）であった。紫宸殿（ししんでん）の北にあり、紫宸殿が南殿（なでん）（前殿（ぜんでん）とも）と呼ばれたのに対して、北殿（ほくでん）（後殿（こうでん）とも）と称された建物である。『日本後紀』に、桓武天皇が没したと見える「正寝（せいしん）」（延暦二十五年〈八〇六〉三月十七日条）というのがこの仁寿殿のことで、意外に思うかも知れないが、桓武天皇の時代、清涼殿はまだ造られていなかった。仁寿殿の西に清涼殿が造立されたのは嵯峨天皇の弘仁年間（八一〇〜八二四年）のことである。

平安造都に対する桓武の考えや思いは、京中においてもうかがうことができる。

東寺と西寺

平安京の南面の正門である羅城門をはさんで建立された東寺(左大寺)と西寺(右大寺)がそれで、京中に設けられた唯一の寺院である。遷都から二年後、延暦十五年(七九六)に「造東寺長官従四位上藤原朝臣伊勢人」(『扶桑略記』)と見えることや、同年伊勢人を「造寺長官として東西両寺を建立す」(『帝王編年記』)とするなど記述に曖昧さはあるが、大内裏の工事が一段落した延暦十五、六年あたりから造営に着手されたとみられている。

よく誤解をされるが、桓武は決して仏教そのものを否定したのではない。桓武が忌避したのは政治に介入した奈良仏教、都市仏教である。さらにいえば、自身が仏教を崇拝するというよりはその外護者の立場に留まったようで、その点、自らが出家までして「三宝の奴」になろうとした聖武天皇とは、決定的に違っている。

桓武が設けたこの二寺については当初、寺院ではなかったとの理解があり、外国との交渉の窓口とされた中国の鴻臚寺に倣ったものという。唐の都長安(城)の場合、皇城の南正門である朱雀門を入ったすぐ左手に鴻臚寺が設けられ、西隣の鴻臚客館と並んで建っていた。具体的な構造や規模、鴻臚寺と客館との関係など一切不明であるが、そこには外国使節を接待する役所が置かれ、入朝した外国使節の宿泊や謁見・饗宴などの場とされていたことは間違いない。「寺」は中国では役所を意味し、実態は鴻臚館(迎賓館)だったというのである。

翻って東寺・西寺については、『河海抄』（室町時代に成立）や『大内裏図考証』（江戸時代に成立）に、弘仁年間すなわち嵯峨天皇の時代に東西の鴻臚館が七条に移転され、旧地が弘法大師（東寺）と修因僧都（西寺）にそれぞれ下賜されたと記しているのが留意される。当初の東寺・西寺の機能（の一部）を鴻臚館と見るもので、両寺が純粋に寺院として存立するようになるのは下賜されて以降ということになる。いずれも後世に書かれたものであり、何を根拠にしたのか不詳であるが、この考えに従えば、東寺・西寺は当初、中国の鴻臚寺のように寺院と迎賓館の機能を併せ持った施設として造営されたことになろう。仏教の外護者たろうとする桓武の姿がそこにある。

中国の鴻臚寺に倣って建立された東寺・西寺であるが、平安京ではそれが二つ、しかも左右対称に配置されていることにわたくしは注目する。妙を得た都市的デザインではないか。左右対称の景観、それも平安京の表玄関に投影しているところに、宮都に抱く桓武の憧れ、美的センスといったものがうかがえるように思う。

徳政相論　桓武天皇が情熱をかけて取り組んできたその造都事業も、ついに終止符が打たれることになる。

延暦二十四年（八〇五）十二月七日、中納言藤原内麻呂が殿上に侍っていたところ勅命があり、参議で右衛士督藤原緒嗣（時に三十二歳）と参議左大弁菅野真道（時に六十五歳）が呼ばれている。

面前で「天下の徳政(とくせい)」について議論をせよというものであった。徳政とは、良い政治のことで、それがいかにあるべきかを議論したことから徳政相論と呼ばれているが、実際には造都事業の継続は是か否かという議論であった。その結果、事業の停止が決定されたのである。

ただし、事業の停止は桓武が早晩決断しなければならない課題であった。雇役とはいえ造宮役夫たちのおかれた労働条件は厳しく、一般役夫のみならず飛驒匠などの逃亡を伝える記事も少なくない。そのつど役夫動員を命じられた諸国に対して田租を免除しているのも、造都による人びとの苦しさを無視できなかったからである。徳政相論は、こうした社会的状況のなかで議論されたことに留意する必要がある。

『日本後紀』によれば、徳政相論が行われたこの日(十二月七日)、公卿らが奏議(そうぎ)し綸旨(りんじ)(勅語)を要請している。それは、「平安京の造営事業は完了せず、労役や災害などによって人びとが疲弊しているために百姓の産業は十分に回復していない、事情を調査して救済策を上奏(じょうそう)せよ」との桓武の下問に応えての奏上であった。すでに桓武が造都事業の限界を感じており、公卿たちに現状の把握と打開策を命じたのである。その結果、公卿たちが建言し桓武の裁可を仰いだのは、諸国から京へ送られてきている仕丁(しちょう)(労働者)、衛門府(えもんふ)の衛士(えじ)、左・右衛士府の衛士、隼人司(はやとし)の隼人、雅楽寮(ががくりょう)の歌女(うため)、仕女(しじょ)(女性労働者)などについての人数の削減である。

その他、卜部(うらべ)のために炊事にあたる男女厮丁(しちょう)らの(出身国からの)粮(かて)、諸家の封戸(ふこ)が負担する田租、諸国から調を貢納するために上京してくる脚夫の労働日数、備後国八ヵ郡の調糸、伊賀・伊勢・尾張など二十一ヵ国の今年の庸の停止もしくは負担の減少についても建言しており、いずれも勅許されている。ここに記されているのは裁許されたものだけであり、建言はそれ以外にも及んでいたに違いない。

勅許は桓武の覚悟を示すものであった。徳政相論は、こうした社会問題の一環としてこの日議論されている。してみれば、造宮事業の停止(造宮職の廃止)も最初から桓武が結論を出していたように思われる。この時のことを記す『日本後紀』によれば、殿上に呼ばれた藤原緒嗣は「方今(現在)天下の苦しむところは軍事(蝦夷征討)と造作(都造り)となり。この両事を停むれば百姓安んぜん」と言い、これに対して真道は頑強に工事の継続を主張したが、天皇は緒嗣の意見を採用し、造宮職の廃止を決定した。これを聞いた公卿たちは天皇の勇断に感嘆したという。

この議論が仕組まれたものであったとする指摘は以前から出されていたが、わたくしもそう考えるのは、議論の当事者(緒嗣と真道)の二人がともに桓武の腹心だったからである。緒嗣は「奇計」を出して桓武を擁立した百川の子で、そうしたことから異例の抜擢を受けた人物であり、他方の真道も長期間、造宮官を務め、桓武の意を受けて進められた造都事業の事実上の責任者であった。してみれば、この二人だけを呼んで議論をさせたのは、桓武が抱く両様の思い——工事を続行すべきか中止すべきか、という二つの気持ちを代弁させるものであったとみてよい。

重ねていうと、緒嗣は「政術に暁達」し、「国の利害、知りて奏せざることなし」と評された有能な政治家であったというから(『続日本後紀』承和十年〈八四三〉七月二十四日条)、社会が疲弊状態にあるなかでの軍事と造作との継続は、まさに「国の利害」に関わることと受け止めたはずである。議論における緒嗣の考えは、桓武ならずとも予想されるものであった。これに対して真道はすでに工事担当者の立場を離れてはいたが、清麻呂の部下として造都事業に携わってきただけに(前述)、事業にかける情熱は人一倍強いものがあったろう。そして、議論におけるこの真道の答えもまた、見通されていたはずである。揺れ動く桓武の気持ちの代弁者が、緒嗣と真道だったというわけである。

造都工事の中止は予定の筋書きであった。勇断に対する公卿たちの賛嘆も、桓武にとって予想通りであったことは、いうまでもない。桓武の造都事業は文字通り劇的に終止符が打たれることになった。

三　後宮(キサキ)の拡大

桓武天皇には、知られるだけで皇后以下二十八人の后妃がいた（次頁以下の表参照）。もっとも、桓武の寵を受けたと思われる女性が叙位されていることも少なくはなく（『日本後紀』延暦十五年〈七九六〉十一月十日条など）、彼女たちを含めると相当数のキサキがいたはずである。ただし、これに劣らず内寵を好んだのが桓武の息子の嵯峨天皇で、二十九人の后妃が後宮に入っているが、実際には父を上回るキサキ数であったと思われる。

事実上のキサキ

後宮とは文字通り、天皇の在所の後（北）方に設けられたキサキの住む建物のことであり、またそこに住むキサキそのものを指す。奈良時代には女帝が多かったために後宮の必要性がほとんどなく、後宮制度も大きな改変を受けることはなかった。しかし平安期になって女帝が登場しなくなり后妃が増大した結果、後宮が急速に発展し、王朝政治を特徴づける要件となったことは知られる通りである。そのきっかけとなったのが手直しを求められた桓武の後宮である。そのあり方を明らかにするために、まずは、キサキの制度について述べることから始めたい。

わが国の場合、天皇のキサキは皇后（一人）のほか、『後宮職員令』によって、妃（二人）・夫人（三人）・嬪（四人）と定められていた。それぞれ法律によって資格（皇后・妃は皇族出身者）と定員が定められている。キサキの定員枠は、皇族・臣下を合わせて十人だった。わたくしはこれを、「令制（の）キサキ」と呼ぶことにしている。ところが、聖武天皇の夫人であった藤原光明子が天平元年（七二九）八月、臣下の出でありながら原則を破って皇后（皇族）に立てられたこと

桓武天皇のキサキと皇子女

	キサキ（父の名）	皇子女	生年	没年
皇族	酒人内親王（光仁天皇）	朝原内親王	779	817
藤原氏	乙牟漏（良継・式家）	安殿親王	774	824
		神野親王	786	842
		高志内親王	789	809
	旅子（百川・式家）	大伴親王	786	840
	東子（種継・式家）	甘南備内親王	800	817
	正子（清成・式家）	—		
	吉子（是公・南家）	伊予親王	?	807
	平子（乙叡・南家）	伊都内親王	?	861
	小屎（鷲取・北家）	万多親王	788	830
	上子（小黒麻呂・北家）	滋野内親王	809	857
	仲子（家依・北家）	—		
	河子（大継・京家）	仲野親王	792	867
		安勅内親王	?	855
		大井内親王	?	865
		紀伊内親王	799	886
		善原内親王	?	863
多治比氏	真宗（長野）	葛原親王	786	853
		佐味親王	793	825
		賀陽親王	794	871
		大徳親王	798	803
		因幡内親王	?	824
		安濃内親王	?	841

多治比氏	豊継 （?）	長岡岡成	?	848
橘氏	常子 （島田麻呂）	大宅内親王	?	849
	御井子 （入居）	賀楽内親王 菅原内親王	? ?	874 825
	田村子 （入居）	池上内親王	?	868
中臣氏	豊子 （大魚）	布勢内親王	?	812
紀氏	若子 （船守）	明日香親王	?	834
	乙魚 （木津魚?）	—		
因幡国造氏	女 （浄成）	—		
坂上氏	春子 （田村麻呂）	葛井親王 春日内親王	800 ?	850 832
	又子 （苅田麻呂）	高津内親王	?	841
百済王氏	貞香 （教徳）	駿河内親王	801	820
	教仁 （武鏡）	太田親王	?	808
	教法 （俊哲）	—		
	明信 （理伯）	—		
河上氏	真奴 （錦部春人）	坂本親王	793	818
百済氏	永継 （飛鳥戸奈止麻呂）	良岑安世	785	830

網をかけたのは渡来系氏族

が、その後のキサキ制度に大きな変化をもたらした。すなわち皇后についていえば、藤原氏の娘が圧倒的多数を占めるようになり、それが長期にわたって藤原氏が権勢の座を占有できた要因である。桓武の皇后に藤原乙牟漏が立てられたのも、そうした慣習による。

桓武の後宮について注目されるのは、「皇后以下嬪以上」すなわち令制のキサキに含まれないキサキが激増したことである。しかも桓武といい嵯峨といい、記録に残されていない女性（あるいは、子女を儲けなかった女性）を含めれば、事実上のキサキの数はもっと多いはずである。

桓武は渡来王族の後裔である百済王氏の男女を重用し、かれらを「朕の外戚」と呼んでいるが、この一族の女性をかなり後宮に納れ、后妃や女官に登用している（後述）。これまで幾度となく取り上げた百済王明信はその一人である。この百済王氏を含め、桓武は数多くの女性を令制のキサキ以外の立場で寵愛した。いわば「令外のキサキ」であるが、注意しておきたいのは多くの場合、寵を受けても女官身分はそのままという女性が少なくなかったことである。じじつ百済王明信も、立場は尚侍（内侍司の長官）のままであった。桓武の寵を受けたとしても、女官は女官、非女官は非女官たることにおいて変わりはなかったのである。これが「事実上のキサキ」の実態である。

桓武朝時代、こうした「事実上のキサキ」を一括して「女御」と称したというのが一般的な理解であるが、わたくしにはすべて「女御」という身分を与えられたとは思えない。天皇の寵を受けたといっても、一度だけの者から恒常的なものまで、様々であり、したがってそれに見合う恩恵も、位階の昇叙や俸禄などの賜与といったものまで多様だったはずである。それを「女御」として制度的に位置づけ、一括して恩恵を与えたとは、とうてい考えられない。現に先述した百済王明信も、女官（尚侍）として桓武の寵愛を受けたが、さりとて正式なキサキにされたわけでも女御になったわけでもない。

桓武朝に存在した「事実上のキサキ」の整序が行われたのは嵯峨朝である。すなわち桓武朝に存在した「事実上のキサキ」を、その（出自による）上・下身分を反映する形で、初めて「女御（所生皇子に立太子・即位の可能性がある）」と「更衣」として位置づけたのであった。その結果、桓武朝から嵯峨朝において激増した後宮世界がようやく整序された（瀧浪「女御・中宮・女院——後宮の再編成」『論集平安文学』三号）。

後宮十二殿舎

桓武が寵愛した百済王明信は後宮十二司の一つ、内侍司の長官（尚侍）である。後宮十二司とは、内侍司、蔵司、書司、薬司、兵司、闈司、殿司、掃司、水司、膳司、酒司、縫司のことをいい、それぞれの職業をもって後宮に仕えたが、このうち職掌だけでなく人数（一一〇名）の上からも中心になったのが内侍司である。ことに長官の尚侍はつねに天皇に近侍し、奏請（臣下からの言葉を天皇に伝える）・伝宣（天皇の言葉を臣下に伝える）あるいは陪膳（天皇の食事に奉仕する）を職掌とした関係上、天皇の寵を受けキサキとなることが少なかった。それが百済王明信であり、次の平城天皇時代においては藤原薬子であった。薬子が平城の尚侍として天皇の寵を独り占めしたのが薬子の変（平城上皇の変とも）の遠因となったことは、知られる通りである。

それはさておき、キサキの数が増えるにつれ、後宮の建物が拡充されたはずである。現に『大内裏図考証』に収める「和名抄」によれば、「東寺所伝の大内裏図に曰く、承香殿は弘仁已後建つる所」であるといい、また『拾芥抄』には、「凝華舎・飛香舎は弘仁九年の勘文（先例を調べて書いた文）に載せず、後代、造り加うる所と云々」とある。これを信ずるなら、承香殿や凝華舎・飛香舎は嵯峨天皇の弘仁九年（八一八）以後に造営されたもので、桓武朝にはなかったことになる。後宮の建物が十二殿舎（七殿五舎）として完成するのは嵯峨朝だった。長岡京時代（延暦八年〈七八九〉）、桓武が西宮から移御したという東宮（内裏）には、嵯峨朝にみられるような整然とした十二殿舎はまだ出そろってはいなかったということである。

渡来人と后妃

桓武の后妃二十八人のうち、内親王は酒人だけである。他は藤原氏（十人）、多治比氏（二人）、紀氏（二人）、橘氏（三人）、中臣氏（一人）、因幡国造氏（一人）、坂上氏（二人）、百済王氏（四人、明信を含む）、河上氏（一人）、百済氏（もと飛鳥戸氏、一人）の娘である。それまでの後宮と異なるのは坂上・百済王・河上・百済の四氏など渡来系のキサキが目立つことで、それぞれの娘八人が桓武のキサキになっている。その数は后妃の三割弱を占めるが、なかでも際だっているのが四人のキサキを輩出した百済王氏で、「百済王は朕の外戚」といった桓武の言葉の重みを改めて実感する。

ちなみに坂上氏の二人のキサキ、又子（全子とも）の父は苅田麻呂、春子の父は田村麻呂であるから、苅田麻呂・田村麻呂の父子の娘がともに後宮に入っていることになる。苅田麻呂といえば光仁天皇の即位直後、道鏡の姦計を告げて排斥に追いやった人物であり、桓武天皇からも寵遇されたという（延暦五年〈七八六〉正月七日条）。また息子の田村麻呂は、桓武朝において東北遠征で功を成した武人で、そうしたことから判断すると、婚姻は桓武に対する父子の功績や信頼感によって結ばれたことは間違いない。なお、桓武との間に又子は高津内親王を、春子は葛井親王を儲けている。

いっぽう河上奴（河上真奴とも）は、はじめ錦部氏と称した春人の娘である。外従五位下であった錦部春人については経歴など一切不明であるが、外位（中央の官人が与えられた内位に対して、地方官に授けられた）を与えられていることから、地方豪族であったことは間違いない。その娘である真奴が寵愛を受けた経緯など分からないが、平安遷都直前の延暦十二年（七九三）に坂本親王を儲けており、遷都以前から寵を受けていたことが知られる。その後一族は川上（河上）朝臣を賜姓されたようで、延暦二十三年（八〇四）には「川上朝臣真奴」と見え、従五位上から正五位上に昇叙されている。またこの間、延暦十六年（七九七）には桓武の寵を得ている他の女性ともに位田も支給されている。

明信と永継

百済氏出自の永継は、飛鳥戸（安宿戸とも）氏を称した奈止麻呂の娘である。奈止麻呂は正五位下で、河内国安宿郡（現大阪府羽曳野市）を本拠とする渡来系の下級貴族であった。飛鳥戸氏が百済宿禰を名乗るようになったのは後のこと、弘仁三年（八一二）以降だから（『日本後紀』同年正月十二日条）、永継の場合、正確には飛鳥戸永継というべきであろう。しかし、考えてみれば永継が父姓（飛鳥戸）ではなく、百済（百済王氏ではない）姓を称しているのは、奇異である。なぜ百済永継なのか。わたくしは、それを百済王明信の配慮によるものと推測している。

永継はこれ以前、光仁天皇時代に藤原内麻呂の妻となり、真夏・冬嗣の年子の兄弟を産んでいる。内麻呂といえば桓武の面前で天下の徳政について議論がなされた、いわゆる徳政相論が想起されよう。時に中納言であった内麻呂は、桓武の内意を受けて議論を仕切った人物である。その内麻呂の妻であった永継は桓武の即位直後に女孺となり、桓武との間に良岑（良峰）安世を儲けたのであるが、この永継を後宮に納れたのは明信以外に考えられない。というのも明信の夫藤原継縄（南家）と永継の夫内麻呂（北家）とは再従兄弟であり、それぞれが藤原氏の嫡男（南家）・次男（北家）という家筋であった。そして、何よりも永継が渡来系の出自だったことが、明信に親近感を抱かせたに違いない。

そもそも永継の夫内麻呂は北家の嫡流、永手の子ではない。永手の弟真楯(八束)の子、それも三男であった。真楯は聖武天皇から厚い信頼と寵愛を受けた官僚だったが、内麻呂が十一歳の時に早世した。母の出自も下級貴族であり(従五位下阿倍帯麻呂の娘)、一門における内麻呂の政治的立場は不利であった。その内麻呂が天応元年(七八一)十月、叙爵されている。従五位下を授けられ、政界にデビューしたのである。時に二十六歳であった。わたくしが注目するのは、それが桓武が即位して半年後、しかも恒例の除目叙位ではなく、内麻呂ただ一人、単独での叙爵だったことである。それが妻永継との関係によるもので、背景に桓武が寵愛する明信の存在があったことは、明白である。

こうしたことから、永継を後宮(女孺)に推薦したのは明信だったと推測する。その際永継を、明信自身の百済王氏一族に連なる出自として「百済」姓を名乗らせたのである。それは、母の出自が低いために昇進の遅かった内麻呂の将来を慮ってのことであったろう。

女孺として後宮に入った百済永継が、桓武の歓心を買ったことは間違いない。桓武天皇との間に安世を儲けたのは延暦四年(七八五)のことで、この安世は十八歳の時(延暦二十二年〈八〇三〉)に良岑朝臣を賜姓され、臣籍に降下している。

それにしても、天皇のキサキに渡来系氏族が選ばれるというのは前例がない。こう言えば光仁天皇の夫人高野新笠(桓武の生母)を想起するかも知れないが、新笠との婚姻は光仁が白壁王と呼ばれていた無名時代のことで、即位するなど考えもしなかった時である。桓武の場合とは事情が異なる。桓武が渡来氏族の女性を後宮に納れた背景には、新笠の存在すなわち、自身の血脈が渡来系に連なるという親近感があったことも否定はできないであろう。

ただし、こうした例は定着せず、長続きはしなかった。渡来氏族の技術や文化の活用を期待した桓武であったが、桓武の息子の平城・嵯峨、そして仁明の後宮に数人入っただけで、以後キサキになることはなかった。後述するように、政局が安定するに伴い渡来系の人びとの活躍する場が次第に少なくなり、天皇との関係が薄れていったことも、無関係ではないように思う。百済王一族も、例外ではなかった。

「朕の外戚」、百済王氏

話を百済王明信に戻したい。桓武天皇と百済王氏との関係は、即位当初に遡る。

そもそもこの百済王氏は百済国王の義慈王を祖先とする一族で、七世紀、舒明天皇の時代に王は二人の息子、豊璋王と禅広王(善光王とも)の兄弟をわが国に送ってきた。その後、長男の豊璋が帰国したのに対して、弟の禅広は難波に住み、持統朝に「百済王」の姓が与えられたのが一族の始まりである。ちなみに豊璋が帰国した翌年(六六二年)、百済の王族、鬼室福信の要請を受けたわが国は援軍を送っているが、肝心の百済は内紛状態にあった。あろうことか豊璋と福信とが仲違いをし、豊璋は福信を殺害してしまった。百済を救援するために斉明天皇が九州に出兵したのは、まさにそのような時期だったから、百済再興を果たすどころか、戦う以前から勝敗は明らかで、案の定、わが国は唐・新羅の連合軍との戦いに大敗した。いわゆる白村江の戦いである。豊璋は高句麗に逃亡し、百済国は滅亡、わが国は朝鮮半島における足場を完全に失ってしまった。そして、この時にたくさんの百済移民がわが国にやってきたのである。

こうした渡来人のなかでも、百済王氏は、とくに兵法・軍法に通じ、軍事面で活躍する。東北の蝦夷征討で、桓武朝における百済王氏の活躍には大きなものがあった。一族から多数の女性が宮廷に入り、女官や桓武のキサキになっているのはそのためである。

百済王氏の女性の中で、もっとも寵愛されたのが明信だった。明信はかつて天平感宝元年(七四九)、陸奥国から出土した黄金を東大寺に献上して、聖武天皇を歓喜させた百済王敬福(きょうふく)の孫娘である。父は理伯(りはく)、長じて南家、藤原継縄(とよなり)(豊成の次男)と結婚し、乙叡(たかとし)を儲けている。明信が桓武の寵愛を受けるようになった時期は、明らかでない。即位以前から関係があったとも、夫の継縄が亡くなってからのことともいわれるが、確証はない。確かなのは宝亀元年(七七〇)十月、光仁天皇即位直後に従五位下から従五位上に昇叙されていることで、後宮に入ったのが光仁朝であったことは間違いない。その後、桓武が即位して七ヵ月後、天応元年(七八一)十一月、従四位上(宝亀十一年に従四位下)に叙され、なか一年おいた延暦二年(七八三)十月に正四位下、翌十一月には正四位上と、桓武朝に入って立て続けに昇叙されている。そうしたことから判断すると、桓武のキサキとなったのは、桓武の即位前後ではなかったかと思われる。キサキとなった明信の存在は、夫の継縄の地位・立場に大きな影響を与えている。継縄は藤原氏の嫡流(南家)で、田麻呂ついで是公が没したあとをうけ、延暦九年(七九〇)、右大臣に抜擢されている。可もなく不可もなしといった人物で、さしたる政治的能力がなかったにもかかわらず、安殿親王の立太子とともに東宮傅(皇太子の教育係)に任じられ、また元服の際には加冠役を務めているのも、明信を介して築かれた桓武との個人的関係からであった。

明信に対する桓武の信頼は、一族にも及ぼされている。そのことを端的に示しているのが延暦九年二月二十七日、百済王一族の玄鏡(げんきょう)・仁貞(にんじょう)・鏡仁(きょうにん)ら三人を昇叙し、「百済王は朕が外戚なり。今、この故に一両人を擢げ(ぬきあげ)て爵位を加え授く」と桓武が述べていることである。外戚とは一般に母方の縁戚を言うから、桓武が「朕の外戚」と言ったのは母方の祖父(和乙継)一族(和氏は百済国王に連なるとされる)を指すと思われるが、この場合は、それ以上に明信との関係を重視した言葉だと、わたくしは考える。というのも三人の昇叙は、先に述べた明信の夫継縄が右大臣に任じられた日のことで、それに関連した人事において発せられた言葉だったからである。

繰り返すと、この日、大納言藤原継縄が右大臣に、中納言藤原小黒麻呂が大納言に、大伴潔(きよ)足(たり)ら四人が新たに参議に任命されている。桓武朝では延暦元年に藤原魚名が罷免されて以来左大臣は任じられず、右大臣も、前年(延暦八年)九月に藤原是公が亡くなってから空席になっていた。したがって、この日の人事によって議政官が補充され、一新された顔ぶれで廟堂体制がスタートしたことになる。継縄はそのトップに位置づけられたのであるが、継縄の立場が明信との関係から築かれたものだったことを考えると、明信に視点を据えた人事だったといってもよい。桓武が「朕の外戚」と言い、百済王氏の三人を抜擢して昇叙すると述べたのは、直接的にはキサキとなった明信一族を指したもので、三人の昇叙もそのためであった。

むろん、「朕の外戚」との言葉が発せられた背景に前年(延暦八年)十二月、桓武の生母、高野新笠が没したことが無関係ではなかったはずである。新笠一族に対する追慕の発露だったからで、「朕の外戚」との言葉には、新笠や明信に対する桓武の二重、三重の想いが込められているように、わたくしには思われる。

第七章　政治に励み、文華を好まず
——計算された治政

一　東北経営

ゼロからの出発

桓武は天応元年（七八一）四月に即位して以来、在位はおよそ二十五年に及ぶが、『日本後紀』はその桓武を評して「文華を好まず」、即位してからは「心を政治に励まし、内に興作を事とし、外に夷狄を攘う」と記す（延暦二十五年〈八〇六〉三月十七日条）。「軍事（蝦夷征討）」と「造作（都造り）」が生涯の二大事業だったとされる所以である。もっとも「文華を好まず」とは、華やいだもの、艶やかなものは好きでなかったとの意で、決して文化事業に関心がなかったというのではない。それどころか即位以前に大学頭を経験していた桓武は、漢学の素養をはじめ中国（唐）に対する造詣も深かった。そこで、もう一つの事業であった「軍事」について考察し、その上で文化事業を通して桓武の心意気を炙り出してみたい。

じつは即位早々の桓武にとって、東北における事態の収拾が解決すべき重大事となっていた。伊治呰麻呂の乱の鎮圧である。呰麻呂は夷俘(俘囚とも。内地化した蝦夷)の族長であったが、政府側の征夷事業に協力したことから伊治公(「これはるのきみ」とも)の姓と位階(外従五位下)が与えられ、陸奥国上治郡の大領(郡司の長官)にも任じられていた。

発端は桓武が即位する一年ほど前、宝亀十一年(七八〇)三月のこと、陸奥・出羽の長官である按察使紀広純が胆沢攻略の基地として、覚鱉城を造営するため兵を率いて伊治城に入った。その名からも分かるように、伊治呰麻呂の本拠地である。この時、牡鹿郡の大領道嶋大楯とともに広純に従っていた呰麻呂は、その機会を待っていたかのごとく、にわかに俘軍を誘って大楯を殺し、ついで広純をも殺害した。かねてから夷俘に対する広純や大楯らの態度に反感を募らせていたようだ。はじめ呰麻呂は、「(広純を)嫌うこと有れども、怨みを匿して陽りて媚びて仕えるふりをしたといい、大楯に対しては、同じ蝦夷出身でありながら、「毎に呰麻呂を凌侮して、夷俘を以て遇」ったので、これを根に持ち続けていたというから(宝亀十一年〈七八〇〉三月二十二日条)、積年の恨みを晴らしたのであろう。ただし、陸奥介の大伴真綱にはなんら危害を加えることなく多賀城に護送しているから、無差別の報復というのではなかった。

呰麻呂らはその後多賀城を襲撃して「府庫の物」を取り、残るところは放火して焼いたという。当時多賀城は、「久年国司治する所、兵器・粮蓄、勝げて計うべからず(長年、陸奥国司の治めている所で、兵器や食料の蓄えは数えきれないほどあった)」といわれているが、伊治城・多賀城の炎上によって東北地方の機能は完全にマヒしてしまった。発掘調査でも多数の焼壁や焼土・焼け瓦が発見され、事件の凄まじさが再確認されている。

報を受けた政府は六日後(三月二十八日)、藤原継縄を征東大使に、大伴益立(ますたち)、紀古佐美を副使に任命した。翌日、安倍家麻呂(いえまろ)を出羽鎮狄(ちんてき)将軍に任じているのは、日本海側への乱の波及に対処したものと思われる。しかし戦果はいっこうにあがらず、九月になって征東大使を藤原小黒麻呂に改めたが、収拾の見通しさえつかないまま、翌年(天応元年〈七八一〉)四月、七十三歳の光仁天皇は桓武に譲位している。

ところが、即位早々の桓武のもとに大使小黒麻呂から届いた報告は、なんと、征東軍をすでに解散したというものであった。賊徒四千余人のうち、斬ったのがわずか七十余人、それも「賊中の首にして、一を以て千に当たる」という伊佐西古(いさせこ)、八十嶋(やそしま)、乙代(おとしろ)など蝦夷の首級と目される者の首は一つもあがっていない、それなのに軍を解散するとは何事か、「たとえ旧例有りとも、朕取らず(たとえ旧例があるからといっても、朕は許さないぞ)」と、桓武は激怒し、厳しく入京を禁じたが、どうすることもできなかった(六月)。小黒麻呂が入京を許されたのは二ヵ月後、八月のことである。

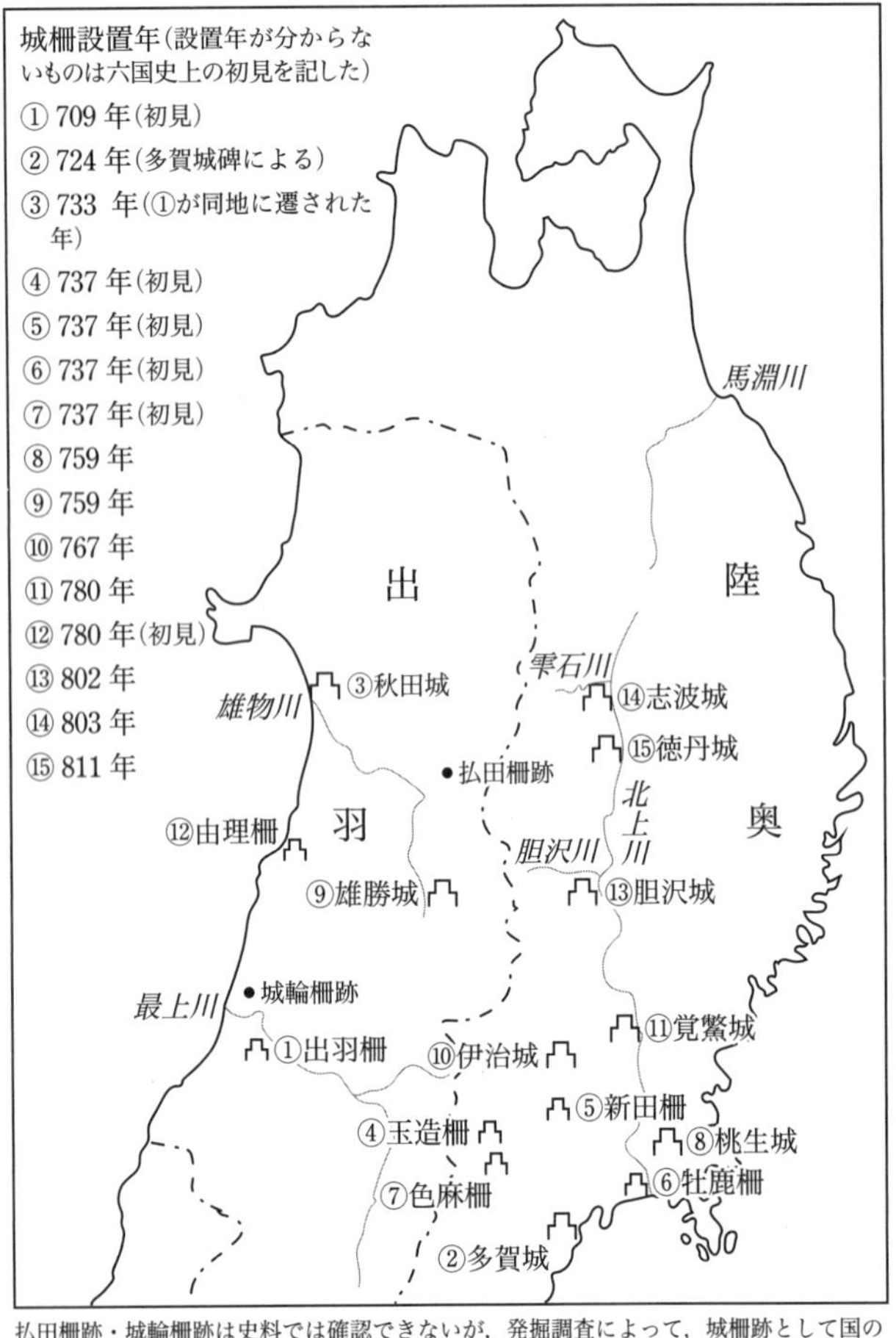

払田柵跡・城輪柵跡は史料では確認できないが，発掘調査によって，城柵跡として国の史跡に指定されている

古代の東北

大使小黒麻呂による征討軍の解散によって、桓武の東北経営は、即位早々、いわばゼロから出発することとなった。それが具体化するのは三年後、延暦三年（七八四）二月、大伴家持を持節征東将軍に任命した時である。ただし家持は二年前（延暦元年）春宮大夫に任命され、六月以降、陸奥按察使鎮守府将軍を兼任していた。時に家持が六十五歳（『公卿補任』）の高齢であったことを考えると、現地に下って実務に当たったとは思えない。今回はそれを征東将軍に切り替えたもので、しかも持節すなわち桓武から節刀が与えられているから、おそらくこの時家持は初めて現地に下向したとみてよい。

征東将軍大伴家持、死す

しかし家持は歳を取りすぎていた。翌延暦四年（七八五）四月、陸奥国の多賀・階上二郡を真郡（仮設ではなく郡司を置く正規の郡）とすることを奏上したぐらいで、積極的な活動を展開できないまま八月、任地で没してしまった。六十八歳（『大伴系図』。ただし『伴氏系図』は五十七歳とも）、家持の赴任を疑う人もいるが、わたくしは赴任を信じてよいと思う。

桓武自身による一回目の征討は、家持の死により挫折した。

坂東の安危

桓武朝の征討は右の大伴家持（一回目）の場合を含めて五回計画されているが、このうち実際に蝦夷側と交戦したのは三回である。前後の二回（一回目と五回目）は交戦せず、計画だけで終わっている。

桓武朝の、いわゆる第一次征討（計画では二回目）が具体的になったのは延暦七年（七八八）のことで、七月、光仁朝時代に副使であった紀古佐美が征討大使に任命されている。この年三月には軍粮三万五〇〇〇石を多賀城に運び込ませ、東海・東山・北陸諸国に対しては陸奥国への糒二万三〇〇〇石余りと塩の移送、坂東諸国には兵五万二八〇〇人余りを多賀城に集結するよう命じていた。いずれもこれまでにはない膨大な数であり、征討に賭ける桓武の覚悟がうかがえよう。

十二月七日、桓武は東下する古佐美を殿上に招き寄せて節刀を授け、全権委任をした上で、「坂東の安危は此の一挙にあり。将軍、勉むべし」と激励している。ここにいう坂東とは相模以下関東の八ヵ国のことであり、蝦夷との戦いにおいて兵や物資の供給源とされてきたところである。その負担はすでに限界に達しており、そうした危機的状況を回避するためには、蝦夷経略の失敗はもはや許されない。悲壮感すら漂う言葉であるが、即位早々大敗を喫した桓武にとっては、何よりも天皇の威信を賭けての戦いだった。征討を「坂東の安危」と捉える桓武の並々ならぬ決意に、身震いがする。

古佐美の発遣についてわたくしが注目するのは、長岡京の造営が一段落した時期だったことである。遷都の中心的人物であった藤原種継が暗殺されたのは三年前、その後、造都のテンポは緩やかになったとはいえ工事は続行され、いわゆる第一次造営が終わった頃である。この間、立太子した安殿親王は内裏正殿で元服を行っている（延暦七年正月）。その結果、後継者についても一応の筋道がついた。古佐美の発遣は、いわば内政問題に一区切りをつけた段階で桓武が決断したということである。言い換えれば、造都事業に対する気運の高まりの中で東北平定を実現しようとしたのである。桓武にとって「軍事と造作」は、切り離すことのできない、まさに二大事業であったことを、改めて痛感する。

かくして出発した征討軍は翌年（延暦八年）三月、諸国から徴発した大軍を陸奥の多賀城に集結させ、「賊帥阿弖流為」の本拠、胆沢城に向けて進発する。桓武は翌日、伊勢神宮に奉幣し、蝦夷征討の勝利を祈願している。軍事行動の開始と時を合わせたもので、ここにも桓武の意気込みを見ることができる。ただ不思議なのは、先の反乱以後、伊治呰麻呂の名が記録に登場しないことで、この時期の蝦夷の中心人物は阿弖流為（阿弖利為とも）であった。そんなことから、呰麻呂と阿弖流為を同一人物と見る説も出されているが、確証はない。

それはさておき、征討軍は三手に分かれて北上したが思うように進撃できずに滞留、これに激怒した桓武は五月、現地の状況と進軍しない理由を上奏するよう命じるとともに、「兵は拙速（軍隊は拙くても速やかな動き）を貴ぶ」とも、「如今入らずば、恐るらくはその時を失わん。已にその時を失わば、悔ゆとも何の及ぶ所あらん」とも述べ、進撃せずに滞留して無為に日を過ごすことは「朕の怪しむ所、唯此に在るのみ」と、語気を強めて叱責している。桓武の苛立ちが伝わってきそうで、わたくしまでが戦慄を覚える。しかし六月三日、征討将軍紀古佐美から報告された戦況は、このたびも「巣伏村」で大敗、死者一〇六一人（戦死者二十五人、河での溺死者一〇三六人）にのぼるという惨憺たるありさまであった。この敗因について桓武は、「是れ、すなわち其の道の副将等、計策の失するところなり」と述べ、作戦の失敗を厳しく非難している。そうした桓武の感情を逆撫でするような紀古佐美の報告が届いたのは六日後、六月九日であった。なんと征討軍を解散し戦地から離脱するという。食料の補給が困難で侵攻するには危険が多すぎるというのが軍議の結果であり、それを実行します、というものであった。

報告を受けた桓武は口を極めて罵り、譴責している。「巧に浮詞を飾り、罪過を規避すること、不忠の甚だしき、斯より先なるは莫し（巧みに体裁のよい言葉だけを連ねて、罪や過失を逃れようとしているが、これ以上の不忠はないぞ）」と語気を強め、「君に事うる道、何ぞ其れ此の如くならん。夫れ師出でて功無きは、良将の恥ずる所なり（君主に仕える道がこのようなものであってよいものか。そもそも戦に出て功績がないのは良将が恥とするところだ）」と反駁、無駄に軍を損ない兵粮を費やして国家に大損害を与えた責任は大きいぞ、と激怒している。ただ、腑に落ちないのはそれから一ヵ月後の七月十日、ふたたび古佐美は奏上し、征討軍の勝利を桓武に報告していることである。むろん、これに対して桓武は先の奏上（六月の軍の解散報告）と今回の奏上（七月の勝利報告）との内容の相違を指摘し、このような状態を勝利したとどうして喜べるのか、「愧じざらんや（恥を知れ）」と罵倒している（延暦八年〈七八九〉七月十七日条）。

惨憺たるありさまで現地を撤退し、軍の解散を奏上した古佐美らが、一転して「勝利」を報告した理由は明らかでない。思うに、軍を解散し帰京するにあたっては、何よりも大義名分が必要であったろう。それが偽りの「勝利」宣言であり、それによって軍を解き、生き残った兵士を引き連れ帰京したものと考える。桓武の激怒は承知のうえであったろう。

帰京した紀古佐美が節刀を返上したのは九月八日である。同十九日、太政官に呼び出され敗戦の責任を問われた古佐美らは、みな失態を認めている。しかし桓武の処置は寛大であった。征討将軍紀古佐美については罪を問わず、副将軍入間広成（いるまのひろなり）、鎮守副将軍池田真枚（まひら）・安倍猿嶋墨縄（あべのさしまのすみなわ）らも斬刑に当たる罪を減じられ、それぞれ位階・官職を剝奪され、解官されている。

またしても桓武の征討（第一次。計画では二回目）は失敗した。

田村麻呂の登場

桓武はただちに新たな征討戦（第二次）の準備に取りかかっている。翌年（延暦九年）閏三月、「征夷のために」と詔して諸国に革甲（かわのよろい）二〇〇〇〇領を造らせ、東海諸国に対しては糒十四万石（前回の四倍）を準備させている。延暦七年（前回）の出兵数（約五万二〇〇〇人余り）に対して今回は、ほぼ二倍の十万人が予定されたが、十四万石というのは、その兵士たちが二〇〇日食する糧に当たるという。大征討軍の編成が計画されたのである。さらに翌年（延暦十年）正月、桓武は百済王俊哲（しゅんてつ）・坂上田村麻呂を東海道に、藤原真鷲を東山道に派遣して征夷戦に備えた兵士と武具を検閲させている。崖っぷちに立たされた桓武にとって、満を持しての作戦であった。

半年後の七月、大伴弟麻呂が征東大使に、副使に百済王俊哲・多治比浜成（はまなり）・坂上田村麻呂・巨勢野足（こせののたり）ら四人が任命されている。大使の弟麻呂は、かつて征東副将軍として現地に下った経験もあり、桓武の信任を得ていた。経験といえば副使に任命された多治比浜成も征討副使の経験を持つ（延暦七年）。当時は陸奥守兼陸奥按察使として現地にあり、その浜成を支えていたのが同じく副使に任じられた巨勢野足、この時、陸奥鎮守副将軍の任にあった。

副使の一人、百済王俊哲は桓武が寵愛する明信の弟である。百済王といえば聖武天皇時代、大仏の鍍金を献上して天皇を驚喜させた敬福以来、東北地方の経営と征夷事業に関わってきた武門一族である。なかでも俊哲は豊富な実戦経験を持つ人物であった。

ちなみに、征討といえばすぐに連想されるのが坂上田村麻呂であるが、田村麻呂が征討に関わるのは副使に任じられたこの時が初めてである。坂上氏も、代々武門の家として朝廷に仕えてきた一族で、田村麻呂の父苅田麻呂は恵美押勝（藤原仲麻呂）の乱などで功をあげ、陸奥鎮守将軍を務めたこともある武人であった。そうした苅田麻呂（延暦五年〈七八六〉没）の子として武勇は知られていたのであろう。身長は五尺八寸（約一・八メートル）、胸の厚さ一尺二寸（約三十六センチ）、赤ら顔で鬚（あごひげ）が黄色であったというから（『田村麻呂伝記』）、見るからに屈強で精悍な人物であったが、その一方で寛容で部下を大切にしたといい、人びとの信任も厚かったようだ。

こうしてみると、今回の征討軍は田村麻呂を除いて、征夷の実践経験者で編成されている。しかもこの時、弟麻呂が六十一歳(六十五歳とも)、野足が四十三歳、田村麻呂が三十四歳というから(浜成は生没年不詳、俊哲は五十六歳前後)、おそらく田村麻呂が最年少であったろう。田村麻呂は近衛中将、右近衛大将など武官の要職を歴任してきたが、いずれも天皇側近の官職であり、実戦経験もなければ東北とは関わりがなかった。そうした田村麻呂を桓武が抜擢した経緯は明らかでないが、右に述べた父苅田麻呂と同様、天皇の信任が厚くその力量と才能を直感していたものと考える。実戦に際しては、何よりも大使と副使らとの人間関係が重要であり、時には大使よりも副使が中心的存在となることが多かった。田村麻呂は武人としての力量とともに人望もあったというから、桓武にとってはすがりつく思いでの起用であったに違いない。田村麻呂に賭けたといってもよい。

こうして、今回はかつてない大掛かりな動員令がかけられ、大征討軍が編成された。桓武の姿には鬼気迫るものがある。そのことに関連して、もう一つわたくしが留意したいのは、延暦十二年(七九三)二月、征東使が征夷使に改称されていることである。

征東使から征夷使へ

これ以前、八世紀初め、征討軍の総指揮官として「征夷将軍」の称は所見するが、それは『続日本紀』の編纂時に表記が改められたもので、実際に使用されていたのは「征東使」である。その征東使を征夷使に改めたのは、「夷を征す」という目標を明確にしたものといってよい。加えて、この年正月、平安造都の地相調査が行われ、二月には遷都を賀茂社に奉告しているから、改称が遷都を意識したものであることは明らかである。桓武にとって軍事（蝦夷征討）と造作（都造り）とは一体の事業であり、そのことを強烈に印象づけるものであった。この二大事業を成功させることが、桓武の悲願となっていたのである。

征夷使に改称された四日後（二月二十一日）、田村麻呂が辞見（じけん）、翌十三年正月、征夷大将軍大伴弟麻呂に節刀が下された。二週間後、桓武は征夷のことを山陵（山階・田原）に奉告している。天智と光仁の二陵である。山陵に征夷を奉告する事例はこれまでになかったが、この時点に至れば桓武の関心が直接の先祖に向けられていたことに、改めて留意しておきたい。翌日には伊勢神宮に使者を派遣し、征夷の成功を祈願している。そればかりか、五月には、「大軍を発する」ゆえに馬射（うまゆみ）（五月五日の節会に伴って行われる騎射）を中止している。桓武の一途な思いが伝わってこよう。

折も折、六月十三日、「副将軍坂上田村麻呂以下、蝦夷を征す」（『日本紀略』）との報が届いた。この報告はまた、大使弟麻呂の下で実戦の指揮にあたったのが田村麻呂であったことを示している。桓武の期待通りの働きをしたのであった。遷都（平安新京）に向けて新京への市や市人（いちびと）の移転、宅地造成の準備がなされている最中で、九月には、「新都に遷る、及び蝦夷を征」するために諸国の名神に奉幣している。六月に引き続き、この頃にも激戦が行われていたのであろう。そして十月二十八日、弟麻呂から具体的な報告があった。斬首四五七級、捕虜一五〇人、獲馬八十五疋、焼落(村)七十五処。

新京へ遷都(十月二十二日)したばかりの桓武がこの戦果をどのような思いで受け止めたかは、容易に察せられる。「葛野の大宮の地は、山川も麗しく……」という遷都の詔が下されたのは、同じ日(十月二十八日)のことであった。

阿弖流為と母礼の投降

それにしても、桓武はなぜこれほどまで東北遠征にこだわったのか。前述したように、都造りが国家権力の拠点の強化とすれば、東北遠征の推進が国家の空間的・領域的な拡大であり、国家の基礎はこの両者あいまって強化される。「軍事」と「造作」は古代国家の確立にとっては切り離せない、一連のものだった。加えて桓武の場合、光仁から引き継いだ遠征ではあるがことごとく失敗し、即位を印象づける事業になっていないというジレンマが底意にあったように思う。平城京を切り捨て新たに山背に宮都を構築した桓武に求められたのは、何よりも王者としての威信と威厳を天下に示すことであった。桓武が東北経営に執念を燃やした理由を、以上のように考える。

なお、「辺境」の拡大という点では九州南部の隼人(はやと)対策が想起されるが、この方は奈良時代中期にほぼ終了し、その後も蝦夷ほどの複雑な問題は起きていない。

桓武による東北遠征はなおも続けられ、延暦十六年(七九七)、第三次征討が計画され、十一月には田村麻呂を征夷大将軍に任じている。第二次の将軍大伴弟麻呂が帰京し節刀を返上したのが十四年正月だったから、二年十ヵ月しか経っていない。ちなみにこの間、田村麻呂の肩書きをみると、「征夷大将軍近衛権中将陸奥出羽按察使従四位上兼行陸奥守鎮守将軍」(延暦十九年〈八〇〇〉十一月六日条)とあって、奥羽に関わるすべての肩書き、つまりは東北の軍事・行政の権限を与えられている。延暦十四年八月に百済王俊哲(時に陸奥鎮守将軍)が没したこともあり、田村麻呂に対する桓武の信任が一層深められていった。

もっとも田村麻呂が平安京を出発したのは四年後の延暦二十年(八〇一)で、二月に節刀が与えられている。兵力は四万人であったが、九月、「夷賊(いぞく)を討ち伏す」(『日本紀略』)という田村麻呂からの報告があり、翌十月に帰京、内裏に召された田村麻呂は節刀を返上している。後年の記録になるが『日本後紀』弘仁二年(八一一)十二月十三日条によると、田村麻呂は「遠く閉伊(へい)村(現岩手県北部)を極め」て征討したとあるから、胆沢(現岩手県中南部)よりさらに北へ進んだことになる。翌延暦二十一年正月九日、桓武は胆沢城の造営を田村麻呂に命じている。第三次征討から凱旋して三ヵ月後のことであった。それから二日後、十一日には駿河・甲斐・相模など十ヵ国の浪人四〇〇〇人を胆沢城に移す命令が出されている。造営工事に従事させるための動員であった。田村麻呂は都で落ち着く間もなく現地に下ったものと思われる。

ところでこの間のこと、田村麻呂にとっては思いもかけない出来事が起こる。『類聚国史』

によると、延暦二十一年四月十五日、造城使として現地の指揮をとっていた田村麻呂から報告があった。「夷大墓公阿弖流為、盤具公母礼等、種類五百余人を率いて降る」という。蝦夷の族長である二人が、一族を引き連れて田村麻呂のもとに投降してきたのである。その経緯や動機は定かではない。胆沢付近の平定によって田村麻呂の力量を知り、争うことを断念した結果であろうか。

投降から三ヵ月後(七月)、田村麻呂は阿弖流為、母礼の二人を伴って上京した。おそらく助命を嘆願するとの田村麻呂の考えに同意したのであろう。しかし、投降を喜ぶ貴族たちに田村麻呂の心情は通じず、八月十三日、阿弖流為と母礼は河内国植山(椙山とも)で処刑されている。

胆沢城から志波城へ

田村麻呂が胆沢城の造営を命じられた翌年(延暦二十二年)、今度は造志波城使に任命されている。胆沢城よりさらに北方、北上平野の北端の地で、防御を固めるためであった。同年二月には越後国から米と塩それぞれ三十石ずつが志波城造営所に送られ、田村麻呂は三月に内裏に行き、桓武に辞見している。田村麻呂にとっては三度目の下向であった。

この志波城も北に雫石川、東に北上川が流れる平坦地にあり、北上川と胆沢川とが合流する地に築かれた胆沢城と立地条件が似通っている。また、形態・構造の上でも政庁を築地塀で区画し、周囲に官衙が設けられるなど共通しているが、規模においては志波城が勝っており、東北では最大級の城柵であったことが確認されている。志波城が大規模に造られたのは防御を固める一方、さらなる北への版図拡大を意図していたからである。じじつ、志波城の外郭内には軍兵たちの住居とされた多数の竪穴住居址が発見されている。ただ志波城は、弘仁二年(八一一)閏二月、「其れ志波城は、河浜(雫石川)に近く、しばしば水害を被る」という申し出により、南の徳丹城に移され、短命で終わった。

それはともかく、桓武の蝦夷政策はさらに続く。志波城の造営がほぼ終了した頃、延暦二十三年(八〇四)正月、「蝦夷を征せん」がために武蔵以下坂東六ヵ国と陸奥国から糒(一万四三一五石)・米(九六八五石)などを陸奥国の中山柵(小田郡)に運ばせ、九日後、田村麻呂がふたたび征夷大将軍に任命されている。副将軍は百済王教雲・佐伯社屋・道島御楯の三人であった。第四次征討(五回目の計画)の始まりである。中山柵がどこにあったのか定かではなく、また動員兵力の数も不詳であるが、運び込まれた軍粮は第二次征討時に比して微々たるものであった。

今回の征夷について奇異に思うのは、征夷大将軍に任命された田村麻呂が東北に下向した形跡のないことである。それどころか同年八月、桓武の紀伊国行幸に先立ち、行宮の地を定めるために摂津・和泉の二国に派遣されている。また十月には桓武の鷹狩りに奉仕、翌二十四年六月、参議に任じられ、十月には桓武の皇子坂本親王の元服にも奉仕をしている。こうしたことから判断すると、今回の計画(第四次征討)は実戦を意図しての準備というより、田村麻呂によって支配領域に組み込まれた胆沢・志波方面の安定化と防衛強化を図るためであったろう。蝦夷に対する威圧・威嚇が目的だったといってもよい。平安京の宮城に似せて造られたといわれる胆沢城・志波城は、東北の地で威風堂々とした雄姿を輝かせていたに違いない。桓武の威光と威信はそれだけで、すでに十分であったのだ。

ちなみに、その活躍ぶりから田村麻呂が初代の征夷大将軍と思いがちであるが、正しくは大伴弟麻呂である。しかし田村麻呂の働きによって征夷大将軍に重みが増したことは事実で、のちに軍事権を握るためには征夷大将軍となることが不可欠のものとなったのである。

二　遣唐使の派遣

漢法の宴

坂上田村麻呂の活躍によって東北経営の戦果に見通しがついた頃、桓武は遣唐使の派遣を決断する。延暦二十年（八〇一）八月、大使に藤原葛野麻呂、副使には石川道益（いしかわのみちます）が任命されている。このたびは宝亀十年（七七九）、父の光仁天皇時代以来二十五年ぶりの発遣であった。郊天祭祀をはじめ、中国（唐）の政治や文化に少なからず関心を抱いていたと思われる桓武のこと、派遣はかねてから計画していたはずである。それが、東北経営にほぼ目途がついたことによって実現に至ったのである。

葛野麻呂に節刀が授けられたのは二年後、延暦二十二年四月であるが、その四日前の三月二十九日、桓武は遣唐使一行を内裏に招き、饗応している。この時のことを記す『日本紀略』には、大使藤原葛野麻呂、副使石川道益に銭を賜ったあと、「宴設のこと、一に(もっぱら)漢法による」とある。別離の宴をすべて中国式で行ったというから、出された食事も中国風であったのだろう。「漢法」による餞別の宴は、命がけで渡航する遣唐使たちに対する、桓武の精一杯の餞だったのである。

宴たけなわとなった時、桓武は大使の葛野麻呂を近くに呼び寄せ盃を与えた後、自ら「この酒は」と歌を詠ったことはすでに述べた。葛野麻呂の感涙にむせぶ姿に胸を打たれるのは、わたくしだけではあるまい。むろん、宴席に連なって群臣たちも、みなもらい泣きをしている。

それにしても、桓武の人心掌握の巧みさには舌を巻く。寵臣を送り出す心遣いを最大限に演出したもので、こうしたあたりにも政治人間であった桓武が垣間見える。葛野麻呂との別離の悲しさを、桓武はもっとも効果的に表したのである。

さて、大使葛野麻呂、副使石川道益らは四月二日、改めて辞見し桓武から節刀を賜っている。一行は難波から乗船し、同六日に出帆している。ところが暴風雨に襲われ船が傷ついたうえ、水没者も出たので、渡航を断念するという始末、葛野麻呂は帰京し五月二十二日、節刀を返上している。

葛野麻呂らが再出発したのは翌延暦二十三年三月のこと、これに先だって同五日に拝朝、さらに同二十五日、桓武は大使の葛野麻呂と副使の道益の二人だけを招き、殿上で宴席を設けている。そして玉座まで両人を呼び寄せ、「綸旨慇懃なり（天皇の言葉は真心のこもったものであった）」とあるから、情味の溢れる言葉で激励し、別れを惜しんだのであろう。今回も特別に恩賜の酒一杯と琴が下された。葛野麻呂に節刀が授けられたのは三日後、二十八日であった。

さて同年五月、修理が終わった遣唐使船は、前年と同様四艘仕立てで難波を出発して瀬戸内海を航行、順風を待って七月六日に肥前国田ノ浦（現長崎県）から出帆した。この田ノ浦で第二船（責任者は遣唐判官菅原清公〈道真の祖父〉。以下二十七名が乗船）に乗り込んだのが、最澄であった。最澄は桓武天皇の寵僧として名声を得ており、前年の遣唐使派遣の際、還学生として乗船したが、発遣が延期され、平安京に戻らずそのまま九州で待機していたのである。今回の発遣では空海も乗船している。前年の時点では乗船名簿になかったが、おそらく発遣が延期されたのを聞きつけ、積極的に働きかけて実現したものであろう。はやばやと難波から第一船（責任者は大使藤原葛野麻呂。以下、副使石川道益、留学生橘逸勢ら二十三名が同乗）に乗り込んでいる。

春秋の筆法をもってすれば、発遣が延期されなかったら空海がこの遣唐使船に乗ることはなかったはずである。そして最澄・空海の二人が渡航しなければ、日本仏教の新しい展開も期待できなかったろう。その意味で二人が、時を同じくして入唐できたのは単なる偶然とは片付けられないものを感じる。

ちなみに、当時の空海はまだ名もなき一僧侶にすぎなかった。最澄が還学生、空海が留学生（るがくしょう）とされた理由である。還学生（請益生（しょうやくしょう）とも）とは遣唐使一行と往復をともにする短期留学生のことで、一応の研究と業績を積んだ者が専門分野での研究不足を補うために派遣される、いわば特別研究員にあたる。最澄の場合、砂金二〇〇両が与えられたほか、通訳として弟子の義真の同行も許されている。これに対して留学生は、文字通り長期間滞留して基礎から学ぶことを求められていた。二、三十年間留学するのはザラだったが、空海はその点でも思わぬ幸運をつかみ、わずか二年で帰国する。最澄が帰国した翌年であった。しかし、果たして桓武は空海の入唐に対してどの程度の期待を抱いていたのか、疑問である。無名の、一介の僧侶にすぎなかった空海が遣唐使船に乗り込んだことは、報告されていたはずであるが、仏教に対する桓武の関心は最澄に集中していたろう。そんな空海が日本に辿り着いたのは、桓武が亡くなった五ヶ月後であった。

再出発

最澄と空海の帰国にまで話が及んでしまったが、遣唐使船の田ノ浦出帆の時点に立ち戻り、一行が帰国するまでの足跡も辿ってみたい。桓武の文化事業を具体的に確認しておきたいからである。

じつは田ノ浦を離れたものの、翌日、またまた暴風雨に見舞われ、四船のうち二船（第三船と第四船)が漂流し、連絡が取れなくなってしまった。連絡を受けた朝廷は、風向きからすれば新羅に漂着しているのではないかと判断し、急遽使者が新羅に派遣され、帰国できるよう取りはからってほしいと依頼している(『日本後紀』延暦二十三年九月十八日条)。

いっぽう、他の二船(第一船と第二船)は幸いにも波間を漂流しながら、葛野麻呂の乗った第一船は八月十日、福州(現福建省)長渓県の赤岸鎮以南の港に、菅原清公の第二船は少し遅れて九月一日、明州(現浙江省)寧波市に辿りついている。やっとの思いで福州に辿り着いた葛野麻呂ら一行だが、到着後、ちょっとしたハプニングがあった。空海の詩や碑文・願文などを収めた『性霊集』(巻五)によれば、海賊と間違われて上陸が認められなかったという。空海はサンスクリットのみならず中国語にも精通していたといわれており、同乗していた空海が葛野麻呂に代わって嘆願書を提出したことで、落着した。

一行は十一月三日に福州を出発し十二月二十三日、長安に到着、遣唐使第二船の菅原清公らの出迎えを受けている。清公らはこれ以前、十一月十五日に長安へ入っていたのである。第二船は、比較的安定した航海であったようだ。

葛野麻呂と清公らの一行は、田ノ浦を出発して以来、ほぼ半年ぶりの再会である。荒れ狂う波上で散り散りになり、恐怖と不安を乗り越えての再会、間近に互いの姿を確認した時の感激は、わたくしたちの想像をはるかに絶するものであったろう。合流した一行は、二十五日、麟徳殿で時の第九代皇帝徳宗に謁見している。本来の引見場所は宣化殿（宣政殿の誤り）であったが、急遽、変更されたようである。わが国からの貢納品は前日（二十四日）に献上されており、皇帝徳宗は「卿等、遠く慕いて朝貢し、奉進する所の物、極めて是れ精好なり、朕、殊に喜歓す」と言い、「時に寒し。卿等、好く在れ」との労いの言葉をかけている。ひとまず、葛野麻呂ら一行の役目は無事に終わった。内裏や外宅（迎賓館）などで祝宴が開かれ、そのもてなしぶりに葛野麻呂らはようやく肩の荷をおろすことができたに違いない。

しかし、それも束の間、思わぬ事態に遭遇する。年が明けて元旦（貞元二十一年＝延暦二十四年）、含元殿で朝賀の儀が行われた翌日（二日）、皇帝徳宗が体調を崩し、あろう事か二十三日に急逝したのである（六十四歳）。葛野麻呂たちは二十八日、白の喪服を着て死を悼む儀式に参列している。まさか皇帝の死に遭うとは、予想だにしなかったろう。新帝には息子の順宗（四十五歳）が即いた。喪明けの後、二月十日、葛野麻呂らに対して日本へ帰り皇帝の死を伝えよとの勅が伝えられ、一行は長安を出発して帰国の途につく。その後越州を経て明州に到着した葛野麻呂・清公らはここで最澄らと合流し、五月十八日、港を出帆している。最澄は寧波で遣唐使一行（都の長安へ向かった）と別れたあと天台山を巡礼し、この年三月末に明州へ戻っていた。

葛野麻呂・清公らを乗せた二船の帰途は比較的順調だったようで、第一船（葛野麻呂ら一行）は六月五日に対馬島下県郡の阿礼村（現長崎県対馬市）に、第二船（清公ら一行）は六月十七日に肥前国血鹿島（現長崎県）に到着している。その後無事に平安京に辿り着いた葛野麻呂は、七月一日に節刀を返上している。もっとも桓武は前年末から体調を崩し、この前後から死期を悟った接見が続いていた。大役を果たした葛野麻呂が桓武天皇の面前で唐国の様子を報告できたかどうかは、分からない。

ちなみに往路、肥前田ノ浦から出帆後、連絡が取れなくなった第三船は遠値嘉島（現五島列島）に向かって進むも突然の南風にあおられ孤島に漂着したが、艫綱が切れてしまい結局行方不明、第四船は難航の末、遅れて唐へ到着、折しも空海らは帰国を望み、その許可を得るや空海・橘逸勢らを伴って大同元年（八〇六）十月に帰国している。しかし、桓武天皇はすでに亡くなっていた。そのことを聞き悲嘆にくれた空海は、ただちに喪服を着したという（『御遺言』）。

詳しく述べる紙幅はないが、桓武天皇が二十五年ぶりに派遣した遣唐使は、文化事業において様々な成果をもたらした。この発遣がなければ、その後最澄・空海の二人がどれほど才能を発揮することができたであろうか。むろん、仏教だけではない、遣唐使に随行した楽師・画工・医師らによって将来された学問、芸能など、いわゆる唐風文華が嵯峨朝に開花することもなかったであろう。「文華」を好まなかったという桓武評に対する誤った解釈から、文化事業には無関心であったと誤解されがちであるが、決してそうではない。桓武天皇が果たした文化的役割にはもっと留意する必要がある。

三　『続日本紀』の編纂と「和氏譜」の撰上

法令の整備

桓武は軍事や土地制度の改革を行うなど、律令国家の再編にも乗り出している。社会状況、経済事情が律令制定時と著しく変化しはじめていたからである。なかでも力を注いだのが法典の編纂・整備であり、その施行であった。

延暦十年（七九一）三月に施行された『刪定律令』二十四条はその一つである。文章や語句を改正することを刪定というが、『刪定律令』は『養老律令』を修正・補訂したもので、かつて神護景雲三年（七六九）、称徳天皇時代に吉備真備・大和長岡らが時代にそぐわない条文や不必要な語句を削り修正し、二十四条にまとめていた。しかし、頒下されず放置されたままになっていたので、桓武はその施行を命じたのである。

ついで延暦十六年（七九七）六月には大納言神王らが奏上した『刪定令格』四十五条を諸司に下し、これについても遵用を命じている。格とは律令の不備を補うための法令で、先に施行された律令（二十四条）を補う形で、従来の格についても修正・改変を命じたようだ。桓武は上奏された『刪定令格』を見て、「事穏便に憑り、義折衷を存す（四十五条の内容は適切に取捨選択して程よいものとなっている）」と述べている。上出来だというのが桓武の感想だったようで、このひと言を見ても国家再編に意欲を燃やす桓武の姿がうかがえる。ちなみに、この『刪定令格』四十五条の編纂に中心的な役割を果たしたのが右中弁橘入居であった。先に述べた遣唐使船で入唐し、空海とともに帰国した逸勢の父である。入居はしばしば桓武に意見書を提出し有益な言上を行ったというから（『日本後紀』延暦十九年〈八〇〇〉二月十日条）、有能な官僚であり桓武の信任が厚かったのである。娘二人（御井子・田村子）も後宮に入っている。

なおこの間、延暦十一年（七九二）閏十一月には『新弾例』八十三条が弾正台に頒下されている。風俗の粛正や非違を糾弾するための細則、官人糾弾の基準を定めた条例集で、弾正台が官人糾弾をする際の基準とされた。旧弾例を全面的に補訂したものと考えられ、規律や規範を重んじようとする桓武の政治姿勢を示している。

法令といえば、この時期左大臣の藤原内麻呂・参議菅野真道らに、新たに格式の選定を命じたのも桓武である（『弘仁格式』序）。政治の基本を明らかにする律令が幾度となく改変されているのに対して、政務の要点を示す格式はほとんど編集されたことがないというのが、その理由であった。もっとも桓武が亡くなったことで、事業は中断したが、その後、嵯峨天皇がこれを継続し、完成させたのが『弘仁格式』である。

桓武は地方行政引き締め強化のための法整備にも乗り出している。延暦二十二年（八〇三）に選定・施行された『延暦交替式』（『撰定交替式』とも）がそれである。国司の交替をスムーズに行うための法令集である。国司の交替についてはこれ以前、勘解由使が設けられ、交替時の解由状(事務引き継ぎ文書)の是非を審査することを任務としたが、手続きをより明確化するために、勘解由長官であった菅野真道や勘解由使の秋篠安人らが選定し、上奏を受けた桓武はただちに施行せよと命じている。真道といえば『弘仁格式』や『続日本紀』の編纂に関わるなど国政にも通じており、桓武の信任を得ていた。その意味でも勘解由使の設置に賭ける桓武の情熱が感じられる。国司交替時のトラブルを正し、地方行政の改善をめざしたのだった。班田制の改定、雑徭の減額などは民衆の負担を軽減するためであったろう。

『続日本紀』の編纂

留意されるのは、桓武が史書の編纂にも意欲的だったことである。知られるようにわが国最初の正史である『日本書紀』は養老四年(七二〇)、元正天皇の時代に完成し、神代はさておき、神武から持統天皇に至るまでの国家の歴史が定着しつつあった。しかしその後、史書の編纂は途絶えていた。文武天皇以降の記録がないのである。もっとも淳仁天皇時代に藤原仲麻呂が編纂に着手し、その修史事業は光仁天皇時代に入って受け継がれたが、結局未完成で終わっている。それを完成させたのが桓武で、延暦十六年(七九七)に成った『続日本紀』がこれである。ただし、この『続日本紀』(全四十巻)については成立に至るまでの経緯が特殊で、前半の二十巻と後半の二十巻とが別々に編集され、最後に四十巻の歴史書として上奏されたという。

すなわち前半の二十巻（文武天皇から孝謙天皇まで）は、光仁朝の修史事業で不完全なまま放置されていた（一巻を紛失して二十九巻になっていた）のを桓武朝で三十巻に修正し、さらにそれを二十巻に再編集したもの。いっぽう後半の二十巻（淳仁天皇から桓武天皇の延暦十年まで）は当初二十巻（淳仁天皇〜光仁天皇）であったのを十四巻に縮小（平安遷都の直前に継縄らが撰進したもの）し、新たに六巻を加えて二十巻に編纂し直したもので、桓武朝の歴史はこの時に加えられている。

すなわち、『続日本紀』は淳仁・光仁・桓武という三天皇の時代にわたって作業が実施され、桓武朝ではそれを前半と後半に分けて別々に編纂し完成させたということになる。

桓武朝の編纂事業においては撰日本紀所（せんにほんぎしょ）が設けられたが、撰修に関わった主な人物は藤原継縄ら四人であった。当時右大臣であった継縄が桓武の寵愛する百済王明信の夫であり、桓武から格別の信任を得ていたことについては、これまでたびたび述べてきた。その継縄に学問的素養があったか否かはともかく、右大臣という立場上、編纂事業の責任者であったことは間違いないが、事実上、中心的役割を果たしたのは菅野真道であろう。

真道のルーツは百済系渡来人で、もとは津連（つのむらじ）と称していた。継縄が安殿親王の皇太子傅に任じられた時には東宮学士に任命されているから、両者は関係も深く、継縄にとっては力強い補佐官となったに違いない。加えて真道が渡来系氏族であったことも、継縄と真道の間柄が親密であったことを思わせる。両者はともに桓武の外戚筋にあたる。

それは秋篠安人についても同様である。もと土師を称していた安人は、したがって桓武の外祖母(土師真妹)らと同族である。外記や内記など宮中の文書作成にあたる官職を務めていたから、真道とともに有能な事務官僚であったと思われる。編纂に関わった人物としてはもう一人、中科巨都雄(善雄)がいる。もと津連と称したというから菅野真道と同族で、安人らとともに外記の任にあった。

編纂に携わったのが、こうした渡来系の人びとや桓武の外戚筋にあたる人物だったことが注目されよう。桓武による『続日本紀』は、彼らによって七年を要して完成されたのである。

桓武天皇の〝歴史〟

史書に対する桓武の思い入れについて『日本後紀』(延暦十六年〈七九七〉二月十三日条)には、「扆を余閑に負い、神を国典に留む(治政の合間に国史に関心を向け)」、菅野真道らに編纂を命じたとある。ただならぬ意気込みと熱意を感じるが、桓武ほど史書というものに執念を燃やした天皇も数少ないのではないか。これまで深く考えることのなかった問題であるが、桓武の生涯や治政を考える上での重要な手がかりとなる。というのも、その関わり方は際だっており、史書編纂の歴史のなかでは特異といわざるを得ないからである。

その一つが、桓武自身が記事の削除をしていることである。すでに述べたように、早良親王の廃太子に関する記事を抹消している。削除ではないが、藤原魚名の左遷に関する詔勅官符類についても、すべて破却させたことがある。それぞれに事情があったにせよ、史書に天皇自らが手を加えるなどまったく前例のないことである。

二つが、桓武が自身の治政を史書に加えさせていることである。六国史のなかで今上天皇（桓武天皇）の歴史（治政）を収めているのはこの『続日本紀』だけで、これも前例のない、特殊なことである。

こうした特異な桓武の関わり方については、治政に対する桓武自身の自信の表れであり、奈良朝を否定して新制を展開した足跡を自身が確かめたかった、との理解がなされている（坂本太郎『六国史』）が、果たしてそうか。東北経営や長岡遷（造）都などにおける時々の言動を考えてみるに、パフォーマンスの得意な天皇像が浮かぶ。そんなことから、史書への拘りは自身に対する後世の評価を計算に入れてのことであったと、わたくしは思う。大学頭（大学寮の長官）の経験から、桓武の学問・史書に対する関心はどの天皇よりも高かったろう。中でも残された史書が、自身の評価のすべてになることを熟知していたはずである。むろん根底には自身のルーツを権威づけ、即位の経緯を明らかにして正統性を刻んでおくという意味もあったろう。

記事を削除し自身の治政（善政）を加えることによって、「正統天皇」「徳のある天皇」として印象づけ、強い天皇像を後世に伝えたかったものと考える。

なぜ延暦十年までなのか

『続日本紀』（取り扱っているのは桓武を含めて九代）の中で桓武の治政が記されているのは巻三十六～巻四十（天応元年〈七八一〉四月～延暦十年〈七九一〉十二月）である。

天皇の称号も「今上」と記されているが、知りたいのは、なぜその（巻四十の）下限を延暦十年にしたのかということである。これについても、桓武が国史の撰修を命令したのが延暦十年だったから、との理解がある（坂本太郎前掲書）。延暦十六年二月、『続日本紀』が完成し、その奉呈に際して菅野真道が提出した上表文の中で、「草創より始めて断筆に至るまで、ここに七年」と記していることによる。延暦十六年から七年を遡れば延暦十年、すなわちその延暦十年が編纂に着手した時であり、桓武が撰修を命じたのはこの年であるという。

桓武が勅命を下した延暦十年を区切りとし、それを下限にしたというのは十分に考えられる。しかし、そうだとしても問題となるは、なぜ桓武はこの年に編纂を命じ、それを下限として自身の治政を歴史書に加えさせたかということであろう。桓武にとって延暦十年が特別な意味を持っていたからに違いないが、そのことを理解しなければ、真の編纂の意図は明らかになるまい。そのために、まず述べておかねばならないのは、生母高野新笠の死である。

土師氏の大枝賜姓

新笠が没したのは延暦八年十二月二十八日のこと、明けて九年正月十四日に諡号が贈られ、翌十五日、大枝山陵（現京都市西京区）に葬られた。大安寺で新笠の一周忌法要が行われたのはその年十二月であるが、注目されるのは一周忌法会の前後、桓武は二度詔を下していることである。

一度目は法要の二十日ほど前、延暦九年十二月一日で、『続日本紀』によれば、すでに亡くなっていた外祖父高野朝臣こと和乙継と、外祖母土師真妹に正一位を追贈し、ことに真妹には「大枝朝臣」の氏姓を与えている。あわせて菅原真仲と土師菅麻呂にも同じく「大枝朝臣」を賜姓している。真仲については、九年前（天応元年六月）に土師から菅原に改姓されているが、重ねて大枝を賜姓されているところに、真妹（ならびに新笠）との深い関係を思わせる。

二度目の詔は法要の二日後、延暦九年十二月三十日である。この時は菅原宿禰道長と秋篠宿禰安人らに対して「朝臣」の姓を与え、土師宿禰諸士らには「大枝朝臣」という氏姓を与えた上で、土師氏は四腹（四つの支族）に分かれ、高野新笠の生まれた土師氏は毛受系統であること、この毛受系統の土師氏が「大枝朝臣」を称し、他の三腹は適宜、秋篠朝臣と菅原朝臣をとなえよ、と述べている。桓武が大枝賜姓を一ヵ月に二度も行ったのはよほどの理由があったと見なければならない。

毛受腹とは、和泉の百舌鳥地方（現大阪府堺市）を本拠とする土師グループのことであるが、そもそも土師氏が初めて改氏姓を許されたのは、右に述べたように真仲が菅原に改姓された時、天応元年六月である。『続日本紀』によれば遠江介従五位下土師宿禰古人ら十五人が奏上し、吉凶両儀（吉事と凶事）に与っていた「祖業」（氏族の職掌）が、近ごろは凶儀に限られてきたことは本意でないとして、居住の地名（菅原寺〈喜光寺〉のある平城京右京三条二坊のあたり）にちなむ菅原の姓にしてほしいと申請、その結果、菅原姓が与えられている。次いで翌延暦元年五月二十一日には少内記正八位上土師宿禰安人ら兄弟男女六人が秋篠に改姓されている。この改姓も、安人らの居住地の名（秋篠寺のある平城京右京京北の地）にちなむものである。申請の時期（桓武の即位直後）からみて、高野新笠（土師氏一族）を母とする桓武の即位にあやかろうとするものであったことは、いうまでもない。ところが、そうであればなおさら早くに賜姓されてよいはずなのに、毛受腹土師氏には、これまで改姓の動きもなければ、即位の恩典に浴した形跡もない。同じ土師氏でも菅原系や秋篠系に比して弱小だったからに違いない。

その毛受腹土師氏に対して初めて改姓がなされたのが、先にみた延暦九年の二度の措置であった。しかも、菅原や秋篠が自ら申請して改姓を願い出たのに比して、毛受腹土師氏の場合、一族から申請した気配はない。大枝賜姓はすべて桓武の配慮によるものである。他の場合と異なり、いわば上からの改（賜）姓であったというのが留意されるが、新笠の一周忌を機になされた桓武の配慮であったことは、明らかである。

そしてもう一つ、「大枝朝臣」の賜姓が新笠の眠る大枝山陵の名（つまりは陵墓の所在地）にちなむものであることも間違いない。土師氏の中の傍流でしかなかった毛受腹に、新笠にちなむ大枝を与えることで、真妹系統（毛受腹）が格上げされたのである。

「和氏譜」の撰上

毛受腹土師氏（新笠の母方）の改姓に関連することとして、わたくしが注目するのが、和気清麻呂によって撰上された「和氏譜（わしふ）」である。『日本後紀』延暦十八年(七九九)二月二十一日条の和気清麻呂薨伝に、中宮(高野新笠)の「教」(教命・教令)に従って撰述したもので、その奏上を受けた桓武天皇は「甚だ善し」として嘉納したとある。

「和氏譜」とは、中宮新笠の父方、和氏の系譜である。この家譜がいつ完成したのかは分からないが、撰上が桓武に対してなされているのは新笠がすでに没していたからであろう。清麻呂が中宮大夫に任じられたのが延暦七年二月であるから、新笠が「和氏譜」の撰述を命じたのはそれ以降ということになるが、それにしても新笠は何のために「和氏譜」の撰上を、それも他氏族の清麻呂に命じたのか。

想像をたくましくすれば、「和氏譜」の撰述そのものは清麻呂の進言によって始められたのではなかろうか。蝦蟇の怪異を報告し、それがきっかけで長岡新京の地相調査が実行されたこと、その長岡京棄都を桓武に促したことなど、歴史の舞台回しの役割を演じたのが清麻呂であった。そんな清麻呂であればこそ、「和氏譜」の撰述には深い願いが込められていたと思うのである。

先述したように、新笠の父＝桓武の外祖父は百済系の渡来氏族であり、早くに和朝臣を賜姓されていた。ところが母方土師一族の家格は低かったために放置されたままであり、新笠にしてみれば、母方はともかく、せめて和氏の系譜だけでも明確にし、出自を権威づけておきたいとの考えがあったのではなかろうか。父方の和氏は百済の武寧王の子、純陀太子の後裔であるというのが、新笠の崩御に見える記載である（延暦九年〈七九〇〉正月十四日条）。武寧王が和氏のルーツかどうか、真偽のほどはむろん分からないが、新笠の心中を察した清麻呂が進言し撰上を促したものと考える。そして、わたくしは外祖父家の系譜「和氏譜」が、桓武に先の「大枝賜姓」、すなわち外祖母家に対する扱い（格上げ）を喚起させたように思うのである。

桓武は、最初に下した詔（延暦九年十二月一日）の冒頭で、朕は即位して十年になるが、「追尊の道」すなわち故人への追尊に対して「猶、闕如すること有り（なお欠けているところがあった）」、これを「深く懼れる（深く恥じる）」と述べ、先祖追尊に礼を欠いたことを深く反省し、外祖父和（高野）乙継と外祖母土師真妹にそれぞれ正一位を追贈し、ことに真妹には大枝朝臣を賜姓したのであった。明らかに、外祖母の扱いに比重が置かれたものである。桓武に反省を促したのは「和氏譜」以外に考えられない（むろん、この頃には「和氏譜」が完成していたとの前提であるが）。桓武は「和氏譜」に触発され、家格の低さから放置してきた外祖母家の格上げを一挙に図ったものと考える。清麻呂の撰上した「和氏譜」が早速その効果を表したといえよう。

以上のことを理解した上で、改めて桓武が自らの治政を史書に加え、その下限を延暦十年としたことの意味を考えてみたい。

桓武の真意

じつは延暦十年三月、それまで増加するままだった国忌の整理が行われている。桓武のこの時代に十六人（天智・天武・持統・文武・元明・元正・聖武・称徳〈孝謙〉・

光仁・草壁皇子・藤原宮子・藤原光明子・施基皇子・紀橡姫・高野新笠・藤原乙牟漏）にまで増加していたのを、七人（光仁・高野新笠・藤原乙牟漏・施基・紀橡姫・天智・聖武）に整理したのであった（中村一郎「国忌の廃置について」『書陵部紀要』二）。

国忌が七人に絞られたことについて、唐の七廟制（しちびょうせい）（王室の始祖と、現皇帝に近い六世代を祀る制度）に倣って七人にしたとの理解がある。むろん七廟制も無関係ではなかろうが、大事なのはこの時に定められた七人が、桓武の両親（光仁と新笠）、皇后（乙牟漏）、祖父母（施基・橡姫）、それに天智（桓武の曽祖父）の六人、そして聖武だということである。聖武を除けば、桓武に直接関わる者に限られたわけである。

桓武がミウチ意識を強め、先祖との紐帯を重視するようになっていたことについては前述したが（第五章）、それが国忌の整理によってより明確になったといってよい。ただよく言われるのが、聖武陵が残っていることへの疑問であり、七廟という数に合わせて聖武が偶然に残ったといった理解がなされることが多い。しかし、数合わせだけなら聖武でなくともよいわけで、納得できるものではない。繰り返し述べてきたように、国忌の整理においても聖武が選ばれているのは、聖武を介して天武系皇統に連なっていることを誇示するためで、桓武の立場を支えていたのは擬制的にせよ「天武（＝聖武）」だという認識だったのである。

国忌の消除（しょうじょ）によって先祖との精神的紐帯を強め、天武系（＝聖武系）という自身の立場も明確になった、そのことを確認した桓武が、この年をもって節目と自覚したことは明らかである。家譜が撰上され、毛受腹への大枝賜姓がなされたことで外祖父系・外祖母系の格上げも実現した。桓武のコンプレックスになっていたルーツに明確な権威づけができたということである。それが、延暦十年を下限に、自身の治政を史書に書き加えた理由であると考える。ここに至れば、もはや桓武にとって皇統＝血脈は政治的に無意味なものとなっていたろう。

『続日本紀』には、延暦八年十二月二十八日に亡くなった新笠について、翌二十九日、藤原継縄以下葬司に任命された人びとが詳細に列挙され、服喪期間をはじめ四十九日までの七日ごとの法事についても事細かく記されている。さらに明けて九年正月十四日、新笠に諡号が贈られ、翌十五日、大枝山陵に葬られたこと、それに続けて新笠についてそのルーツから説きおこし論賛(ろんさん)の文を載せるなど、記述がきわめて丁寧で前後の様子が細々と記されている。それは翌年(延暦九年)に没した桓武の皇后藤原乙牟漏に対しても同様であるが、天皇の生母や皇后について、これほど詳細な伝記が付載されるのは異例である。それだけに自身のルーツへの権威づけや史書に対する執着を強く感じさせる。

終　章　桓武天皇の原点——聖武天皇への回帰

一　はじめての遠出

紀伊国行幸

桓武天皇の皇統意識について、従来はわたくし自身を含めて、長岡遷都をきっかけに当初の天武系から天智系皇統に目覚めたと考えてきた。しかし史料の読み、分析が甘く、それが正しい理解でなかったことを痛感している。史料を詳細に読み込んでいくと、桓武が天皇の鑑としたのは聖武であり、それに倣ったと思われる行動が少なくない。その最たるものが紀伊国への行幸である。

延暦二十三年(八〇四)十月というから、桓武が亡くなる一年半ほど前のことである。『日本後紀』によればこの年八月、坂上田村麻呂・三島名継(みしまのなつぐ)らを和泉・摂津の両国に派遣して、行宮(あんぐう)の地を定めさせている。行幸の計画はその頃から進められていたようだ。

ちなみにその三日後、宮中でハプニングが起こった。八月十日、激しい暴風雨によって中院(ちゅういん)の西楼(せいろう)が倒壊し、牛が下敷きになって死んだのである。これにショックを受けたのが、丑年生まれの桓武であった。牛が圧死したことを聞いた桓武は、「朕、利あらざるか(朕に良くないことが起きるのではないか)」と嘆いたという。遷都や蝦夷征討などの事業を強力に推進してきた天皇からは、想像もつかない気弱な言葉である。当時、桓武の体調に格別の異変があったように思えないが、「いまだ幾(いくばく)ならずして不予(ふよ)となり、遂に天下を棄てる(それほど経たないうちに病に伏せり、亡くなった)」と記しているから、桓武自身、何かしらの不安が脳裏を過ぎったのであろう。

そういえば、二度の郊天祭祀に際しても藤原継縄を代参させていたことが想起される(延暦四年・六年)。本場中国では皇帝自らが天壇(てんだん)(地壇(ちだん))で跪(ひざまず)いて胙(ひもろぎ)を受けたという。胙は犠牲として神に供えられる肉(主として牛といわれる)のことで、犠牲が郊祀の中心儀礼であった。しかし、桓武は二度とも代参させている。祭儀との関わりを間接的な形にとどめたのは、自身が牛の犠牲を避けたものであろう。桓武の時、漢神(からのかみ)の祭りで殺牛が禁止されるということもあった(延暦十年〈七九一〉九月十六日条)。牛に対する異常なほどの拘りは、こんにちの感覚すれば滑稽なようにも思われる。

余談であるが、聖武天皇も丑年生まれであった。そのことは当然桓武も承知し、意識していたはずである。些細なことではあるが、こうした共通点も、聖武に対する親近感を増幅させていたのではなかろうか。

それはさておき、八月末には行幸に先立ち藤原縄主を装束司長官、紀勝長を御前長官、菅野真道を御後長官に任命し、十月三日に平安宮を出発、その日の夕方に難波の行宮に到着し、宿泊している。同十七日に戻るまでおよそ二週間にわたる大遊行であった。行幸には皇太子安殿親王をはじめ親王・内親王以下、主だった官人たちが数多く供奉しており、行列は目を見張るばかりの盛儀であったという。ちなみに還御の四日後（十月二十一日）、桓武は神泉苑に出かけているから、この時点ではまだ体調に変化はなかったものと思われる。

この紀伊国行幸にわたくしが注目するのは、桓武にとって即位以来、はじめての遠出だったからである。しかも、行幸の道筋といい、出かけた季節といい、聖武天皇を意識しての行幸だったことは間違いない。

追慕

聖武が紀伊国行幸に出かけたのは、即位した神亀元年（七二四）秋、十月のこと、桓武の行幸から遡ることちょうど八十年前である（地図）。聖武の場合、父の文武天皇が祖母（聖武の曽祖母）の持統太上天皇と出かけた紀伊国行幸（大宝元年〈七〇一〉九月十八日条）に倣ってのもので、翌十一月に大嘗祭を控えていたことを考えると、聖武にとっては特別な意味を持つ行幸であった。それは、文武の行幸を追体験することによって、皇位継承の重みと責任を自覚

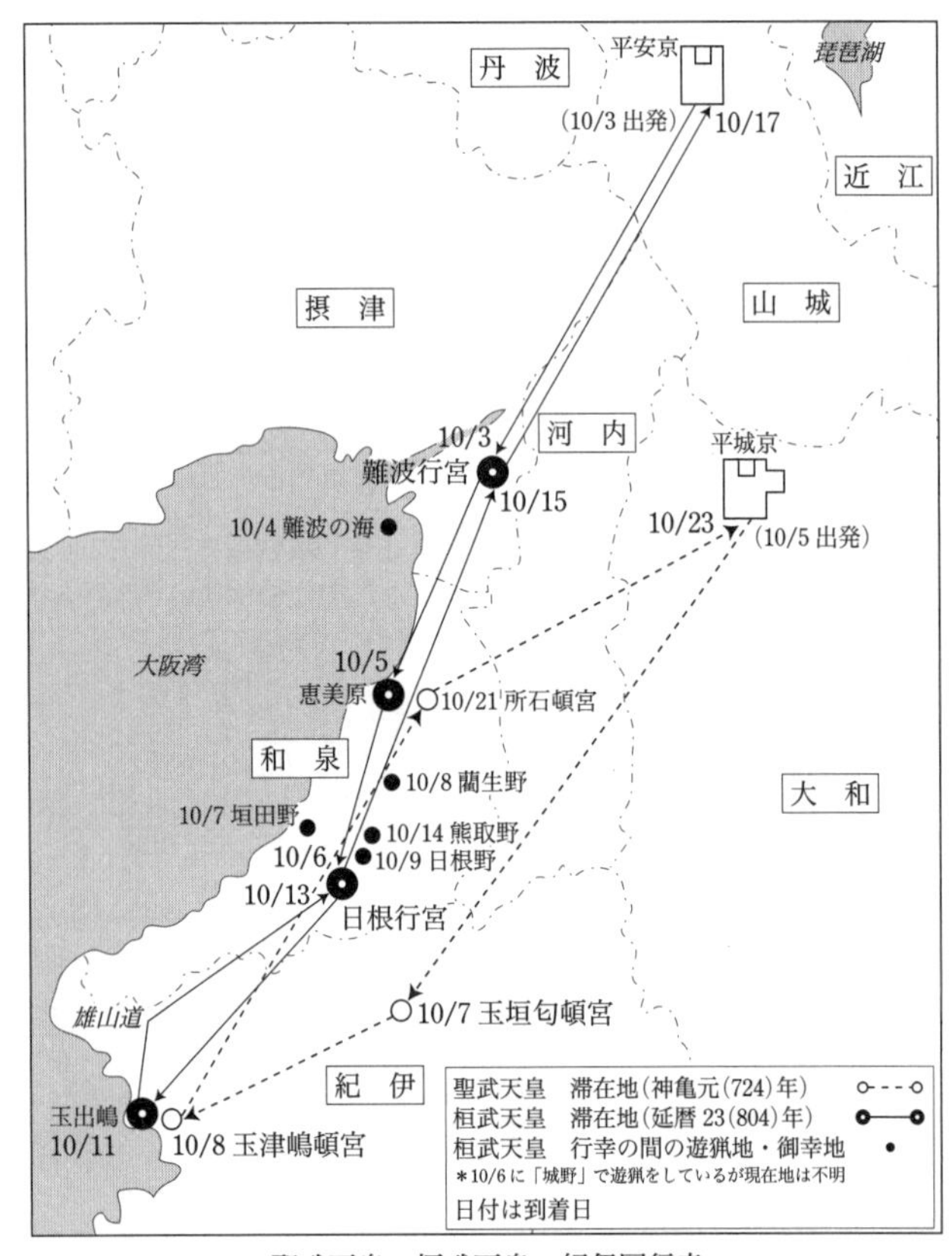

聖武天皇・桓武天皇の紀伊国行幸

『続日本紀』『日本後紀』による

しようとしたものに相違ない。単なる天皇の物見遊山ではなく、政治的に大きな意味を持つ行幸である。その紀伊国へ、それも聖武の出立と同じ十月に、桓武は出かけたのであった。それまで、ほとんど平安京を離れたことのない桓武が、十四日間（聖武の場合は十八日間）をかけて行幸したのは、よほどの思い入れがあってのこととしか考えられない。それは、何か。

聖武天皇に対する追慕である。しかも、行きも帰りも難波宮（行宮）に立ち寄っていることが留意される。平城京に宮都があった聖武の時代と、平安京から出発した桓武とは、紀伊国までのコースが異なるのは当然である。聖武の場合は、大和国から河内国を経て紀伊国に入り、帰りは河内から西より、和泉国を通って平城宮に還御している。これに対して桓武の場合は淀川を下り、山崎辺りで上陸して南下した後、摂津から和泉を経て紀伊国に入り、帰りもほぼ同じコースであったと思われる。したがって、摂津（難波）辺りで宿泊することは必定となるが、桓武が難波に立ち寄ったのは、単なる宿泊のためだけだったとは思えない。そう考えるのは、行き（十月三日・同四日）も帰り（十月十五日・同十六日）も、滞在が二日間に及んでいるからである。

難波滞在

聖武にとって、難波は異国への想いをかきたてる憧れの地であるとともに、何よりも自身の原点だった。大仏造立を自らの役割とした聖武であるが、百済から初めて仏像を運んできた船が上陸したのがその難波津だった。亡くなる二週間前、体調不良のなか聖武が無理を押して難波に行幸し一ヵ月半滞在したのも、自身の来し方を振り返るためであったろう（瀧浪『聖武天皇』）。

その難波宮は、長岡遷都に際して解体移建されていたから、桓武の滞在時に建物はほとんど存在していなかった。桓武の行宮がどこに設けられたかは不詳であるが、おそらく旧難波宮の近辺ではなかったか。平安京を出発した桓武がその行宮に到着したのはその日（十月三日）の夕方である。翌日は江口（現大阪府東淀川市）辺りに船を浮かべて船遊びを楽しみ、四天王寺の楽が奏され興を盛り上げている。五日に和泉国に入り、恵美原・垣田野・日根野などで猟を楽しんだ後、紀伊国に到着、十一日は玉出嶋に行幸、翌十二日は船で遊覧し紀伊国二郡の田租を免除している。玉出嶋は和歌浦（現和歌山市）にある玉津嶋神社の辺りとされ、聖武は十日余り滞在している。弱浜の名を明光浦と改め、春と秋、役人を派遣して玉津嶋の神と明光浦の霊を祀るよう命じたのはその間のこと、桓武はすべて承知していたろう。

紀伊国からの帰路、桓武が難波行宮に入ったのは十月十五日、翌十六日には西成・東成の二郡の諸寺に綿を施入し、平安宮に戻ったのは翌十七日であった。

東北遠征と都造りを進め、政治改革を第一としてきた桓武の生涯を思うと、行幸の日々の中でも、難波で過ごした二日間（往復では四日間）はかけがえのない宝物のような一時だったであろう。想像をたくましくして言えば、鎮護国家を目指して巨大な大仏を完成させた聖武と、平安遷都と蝦夷征討という大事業を成し遂げた自身の立場とを、重ね合わせたに違いない。これまで幾度となく述べてきたように、皇位を聖武から受け継いだものと確信していた桓武にすれば、聖武が憧れた難波はそれほどに重い存在だったはずである。娘称徳（孝謙女帝）の後継者を傍系に切り替えた聖武の苦悩と、実弟早良を廃太子して嫡子安殿親王の立太子を実現した決断にも、思いを馳せたに違いない。その意味で、桓武にとっても自身の来し方を確認する難波の滞在であったと、わたくしには思われる。

しかし、その難波宮を壊したのは他ならぬ桓武であった。故地に身を置きながら、幻となった難波の地を桓武はどのような思いで偲び、後にしたのであろうか。

二　桓武天皇と聖武天皇

聖武に倣う

聖武天皇に対する桓武の敬愛、追慕、それは一種の憧憬にも似た感情だったのではないか。丑年生まれという他にも、この二人には共通点が少なくない。そのことを明らかにするために、桓武の境涯をもう一度振り返ってみたい。

桓武が生まれたのは天平九年（七三七）、聖武が即位して十四年目であった。ちょうど、豌豆(わんとう)瘡(そう)（俗に裳瘡(もがさ)とも）と呼ばれた天然痘が平城京で流行し、藤原四兄弟の命をすべて奪った年である。年末には、生まれてはじめて母の藤原宮子の顔を間近に見るという、聖武にとって思いがけない出来事もあった。三十七年ぶりの母子対面である。宮子は聖武を出産して以来、精神的に不安定な状態が続き、ほとんど隔離状態におかれていた。それが玄昉の治術で回復したとして、対面が実現したのであった。聖武には公私ともに一大転機となった年である。むろん、誕生したばかりの幼児であった桓武には記憶も、一片の感傷もなかったろうが、のちにそれを知った時、誕生の因縁を考えずにはおれなかったろう。なかでも桓武が生母に抱く愛慕には、聖武にも劣らぬ深い想いがあったように思う。

聖武の場合、母が亡くなっていて会えないのとは、わけが違う。周囲が聖武を慮って宮子を遠ざけ、聖武もあえて対面しようとしなかったのである。天皇として負い目を感じなかったはずはない。それだけに母への思慕がどれほど深かったか、想像するだけでも胸が痛む。それに比して桓武の境涯はまったく異なるが、渡来系であるという生母新笠の出自が負い目となっていたことは事実である。そのことと矛盾するようであるが、桓武の場合、その負い目が母への愛慕の情を増幅させ、手厚い配慮となっていったことも確かである。それは新笠に詳細な、異例ともいえる伝記を付載したことにもうかがわれる(二四二頁)。桓武には、生母に対する聖武の心情が、わが事のように伝わってきたに違いない。

桓武については、その遊猟好きがよく知られているが、聖武もまた狩猟が好きであった。ただし聖武の東宮時代、教導係(東宮傅)に任じられた藤原武智麻呂(不比等の長男)は文学(漢詩・漢文）などの学問を教育方針の中心に据えたので、聖武は「田猟の遊び」をやめて学問に身を入れるようになったというのは『武智麻呂伝』（『家伝』下）に記すところであるが、こうしたエピソードは、桓武も当然承知していたろう。それだけではない。

平安京中を巡幸していた桓武が、徒役（強制労働）にあえぐ囚人を憐れみ、赦免している（延暦十八年〈七九九〉六月二十三日）姿も、聖武と重なっている。聖武の場合は平城京中の巡幸であったが、通り過ぎようとした獄から囚人たちの悲痛な叫び声を聞き、彼らを憐れんで罪を免じたというものである（天平三年〈七三一〉十一月）。天皇の徳が囚人にまで及ぼされていることを天下に知らしめたもので、その際聖武は衣服を与えて「自ら新たにせしめ」るように図っている。犯した罪を許すだけでなく、自発的に更正させるのが帝王としての聖武のあるべき姿であった。パフォーマンスの好きな桓武のことである。右の囚人の赦免も、こうした聖武の政治的配慮に倣うものであったことは間違いない。

身近な天皇、聖武

桓武の聖武に対する心情は、天智を敬愛する聖武とも重なるように思われる。天武系を標榜する聖武天皇が天智天皇を追慕するなどあり得ないと、これまで考えられてきたが、じつはこれも誤った理解である。

前述したように天平十二年（七四〇）、恭仁京の造営時に、聖武は禾津（粟津。現大津市膳所）の頓宮で逗留（二日間）し、天智が建立した志賀山寺（崇福寺）に行幸して礼仏している。一帯は天武（大海人皇子）が生死をかけて戦った壬申の乱の激戦地である。聖武が、そうした地に建つ寺院にわざわざ幸したのは天智に対する讃仰に他ならない。聖武を含めて、奈良時代において天智と天武とは扱いの上で区別がなかったのである。聖武が、陸奥国から黄金が出土したという知らせを受けた時も、造営中の盧舎那仏に報謝する宣命の中で、「天智天皇の「大命」を元正天皇まで御世を重ねて、次々に伝えて」きたから自分の世も安泰なのだ、と言い、天智の「大命」を持ち出すことで天皇家内部の結束を呼びかけたことも（天平二十一年〈七四九〉四月一日条）想起されよう。聖武の即位の拠り所が天智が創始した「不改常典」であったことと重ね合わされて、興味深い。

聖武天皇が不改常典に則って即位した正統中の正統天皇として重みを持つ存在であったことは、繰り返し述べてきた。桓武が、その聖武を天皇の鑑として考え方や行動に倣おうとしたのも当然である。崇福寺の傍らに梵釈寺を建てたのも、むろん天智に対する顕彰であり、桓武にとっては「宿願」の寺ではあったろうが、その地に行幸した聖武への敬意が込められていたことにも留意すべきである。

桓武にとって、天智や天武はすでに遠い存在になっていた。それに比して聖武は、まだ息づかいを感じることのできる身近な天皇であった。桓武が常に意識していたのは聖武天皇であり、いっぽう天智や天武に対しては区別なく、祖先としての敬意を払っていたものと考える。

桓武にとっての天智天皇

ただし、何度も述べてきたように、これまでの理解は、天武系（＝聖武系）を否定された桓武は、自身が天智系であることを自覚し行動してきたということであった。天武系の宮都である平城京を離れて山背に天下を草創する事業、すなわち長岡遷都とそれに継ぐ平安遷都が何よりの証拠であり、なかでも平安遷都の二週間余りのち、「古津」と呼ばれるようになっていた大津京の跡を「大津」と復活・改称しているところに、曽祖父天智に抱く追慕の念が込められていると考えられてきたのである。

桓武に、天智に対する深い想いがあったことは確かである。しかし、わたくしが腑に落ちないのは、天智ゆかりの近江に行幸したのは延暦二十年（八〇一）、平安遷都から七年後であり、桓武にとってはそれがはじめての近江行幸だったことである。これまでの理解が正しければ、長岡遷都あるいは平安遷都後、すぐさま訪れてしかるべきではなかろうか。そこで近江行幸について、改めて考え直してみたい。

『日本紀略』によれば、この年（延暦二十年）、桓武は二度大津に出かけている。最初は三月で、その折、近江国司が風俗歌舞を奏している。また桓武は、在所付近の諸寺に綿を施したとあるから、崇福寺や梵釈寺などが対象であったろう。二度目は四月のこと、ただし大津での具体的な行動は記されていない。

二年後の延暦二十二年三月（二十四日）、今度は近江の志賀の可楽埼（からさき）（唐埼・韓埼。現大津市坂本町）に行幸、翌四月（九日）にも同地を訪れている。この時も具体的な様子は分からないが、可楽埼といえば風光明媚な土地柄で知られたところである。ちなみに半年後の十月、桓武は梵釈寺の別当大法師常騰に崇福寺の検校を兼任させることを指示している。崇福・梵釈の二寺を一体のものとする桓武の想いが知られよう。興味深く思われるのは翌閏十月、桓武が琵琶湖の東、蒲生野に行幸していることである。今回の蒲生野については出立の二週間ほど前、参議左兵衛督兼造東大寺長官紀勝長を派遣して行宮を造らせているから、長期滞在を見越してであった。結局、桓武の行幸は十一日間に及んだが、還御の日、桓武は詔を下し、付近の風光を見ると心が穏やかになると称讃し、栗太・甲賀・蒲生の三郡の田租を免除、奉仕した国司・郡司らに褒賞している。桓武の蒲生野に対する思い入れといったものが観取されよう。じつは、この蒲生というのは、宮都地として天智が着目した土地だった。『日本書紀』によれば、大津遷都から三年後、天智は蒲生郡に行幸し「宮殿建造の地」を視察している。天智は大津宮に満足しておらず、関心が琵琶湖の東側に向けられていたことを示しているが、桓武の行幸はそうした天智を追慕してのものであることは、間違いない。

ちなみに、天智はこの蒲生郡に佐平（百済の最高位の官職）余自信、佐平鬼室集斯ら男女七百余人を移り住まわせている（六六九年）。余自信は百済の王族、集斯は高級官人である。その後、わが国に亡命してきた百済人や唐人の移住者を数えれば、近江国には当時、相当数の渡来人が居住していた。桓武にとっては親近感を抱かせる土地柄であったに違いない。

晩年に至ってのこうした近江行幸において、平安朝の〝天智〟となった桓武は、その立場を改めて確認したはずである。近江国へはもう一度、翌二十三年二月、可楽埼に出かけているが、聖武に倣った紀伊国への行幸は、その年十月のこと、桓武にとってそれは、天皇として集大成の一大イベントだったと考える。

三　当年の費(ついえ)、後世の頼(たより)

後事を託す

桓武が体調の不快を訴えたのは延暦二十三年(八〇四)十二月二十五日、紀伊国行幸から帰って二ヵ月ほど後のことである。ただしこの間、病の床に就くまで、宮城近辺ではあるが五、六日おきに神泉苑に出かけて遊猟を楽しんでいるから、急な病気であったのだろうか。年明け元旦の朝賀式もそのために中止され、正月十四日未明、ついに桓武は皇太子安殿親王を呼んだ。しかし、急な呼び出しであったために安殿の参内が遅れ、桓武は藤原緒嗣を再度遣わして呼び寄せている。『日本後紀』によれば、枕元に近づいた安殿に、「勅語(ちょくご)することやや久し」かったというから、桓武は時間をかけて話している。死期を悟っての接見であった。

ついで菅野真道と秋篠安人も天皇の希望で参議に任じられている。さらに日ごろ手なずけていた鷹と犬を放たせる桓武を見て、侍臣たちはみな涙を流したという。崇道天皇こと早良親王のために淡路に常隆寺の建立を命じたのも、この日のことであった。もっとももこの時は奇跡的に危機を脱したようであるが、四月になってまた病状が悪化した。六日、皇太子安殿親王がふたたび召され、参議以上とともに後事を託されている。十日には兵器庫の鎰（かぎ）も皇太子に渡された。ちなみに徳政相論により「軍事と造作」の中止が決定されたのがこの年の十二月であることを思えば、自らの二大政策の放棄は、桓武にとっていわば三度目の遺言であったといってよいであろう。だが、この時も病状は持ち直している。

しかし、年を越して延暦二十五年（八〇六）三月十五日、桓武はまたまた重態に陥り、五百枝王が召された。翌十六日、王は位階（従四位上）を復され、氷上川継と藤原清岡も従五位下に復されている。五百枝王は市原王と能登内親王との間の子である。藤原種継暗殺事件に連坐して伊予国に配流されていたが、前年三月、許されて入京していた。いっぽう川継は桓武の即位直後にクーデターを企て、清岡も連坐してともに流罪となっていたが、二人とも前年三月に赦免され、入京していた。

病床に五百枝王を召したのは、桓武に思うところがあったのか。王の母（能登内親王）は、桓武の父光仁がことさら可愛がった娘であった。王が種継事件に関わったとして二十一年もの間流罪地に留められた背景に、王の卓抜した血脈が無関係ではなかったと、わたくしは推察している。王は、母方・父方ともに施基親王に連なっていた。桓武にとっては他戸親王に次ぐ血脈上のライバルだったと言ってもよい。死を覚悟した桓武は王を召し、そうした心中をすべて吐露したものと思う。桓武が亡くなった時、王は、中納言藤原内麻呂らとともに「御斂に奉ずる(棺に納める)一人となっており、葬儀では誄(哀悼)を述べる人の中に加えられている。

翌十七日、今度は、種継事件に連坐した者を生死にかかわらず本位に復し、とくに早良親王の霊を慰めるために春秋二季、諸国国分寺の僧に対して読経(金剛般若経)することを命じている。川継の謀反も種継事件も、桓武自らが処理し、すべて終息させた。徳政相論で二大事業を打ち切ったのをはじめ、自らが処理した政治事件の後始末を施しているのは、見事という他はない。

怨霊のこと

それはさておき、よく言われるのが早良の怨霊に対する桓武の対応である。確かに、桓武は死の直前まで早良親王を気遣っている。しかしそのことをもって怨霊の恐怖に脅かされ、不安な日々の明け暮れであったと見るのは、少し違うのではないか。

紀伊国行幸から戻って二ヵ月後、重態に陥った桓武は慌ただしく皇太子安殿を召して後事を託し、その日(延暦二十四年正月十四日)、淡路国に常隆寺の建立を命じて早良の冥福を祈っている。『日本後紀』によれば、四月五日にはその傍らに小倉を建てて正税四十束を納め、早良の命日を国忌に加え、奉幣の対象とすることで「怨霊」に鎮謝したとある。その翌日にも、桓武はふたたび安殿以下に後事を託し、五日後(四月十一日)、今度は淡路の陵墓を大和国に改葬する官司を任官した。いま奈良市八島町にある八嶋山陵がそれである。七月二十七日にこの山陵に唐国の品物が献物されているから、山陵はそれまでに完成していたと思われるが、それだけではない、桓武は十月二十五日にも冥福を祈り一切経を書写させている。明けて延暦二十五年(八〇六)三月十七日、諸国国分寺の僧に春秋の読経を命じたあと、しばらくして桓武は息を引き取ったのである。

寺の建立や墓の改葬などが、重態に陥った直後に慌ただしく取られた措置であったことから、いかにも桓武が怨霊に怯えていたかのような印象を受けるが、桓武の怨霊対策はいまに始まったことではない。延暦十一年(七九二)に、占いによって安殿親王の病気が早良の祟りによると公表されて以来(実際にはそれ以前から対処していた)、崇道天皇の尊号を追贈し、淡路の墳墓を山陵と追称するなど、熱心に早良の霊の慰撫につとめてきたことは前に述べた。今回の対応策は桓武自身の病状が引き金になったことは確かであるが、先述したように、それは死期を悟った桓武が、自身の手で治政の後始末をしておきたかったという「天皇」としての自覚とプライドによるものであって、恐れからではないというのがわたくしの考えである。

そんなことから先述した五百枝王への措置も、病床での早良に対する慰撫に通底するものと理解する。五百枝王を面前に召したのは亡くなる二日前、「上の病、大漸弥留(だいぜんびりゅう)（桓武の容体が重篤になる）」という中でのことであった。桓武が王に何を言ったのか、知る由もないが、父光仁が情愛をかけた王であり、桓武の甥でもあった。ちなみに桓武の兄弟は同母・異母にかかわらず、この時点ではほとんど亡くなっていたと思われるが、種継事件の嫌疑をかけられた早良がもし生き長らえていたとすれば、王と同様に病床に召したであろう。事件の関係者は前年に召喚され、入京を許されている。すべての処理をし終えた桓武にとって、恨みや警戒心はすでに消えていたはずである。

早良の陵墓を大和に改葬したのは、父祖の近くに呼び寄せてやりたいという想いにかられてのことだったのではないか。五百枝王が召され、桓武の葬儀に携わっていることから推測しても、早良に対する桓武の心情には、兄弟への睦まじさが秘められていたように思われる。

井上内親王と早良親王の復権

早良の怨霊対策に関連して留意したいのが、井上内親王の復権である。早良とともに、井上の霊も慰撫しているのが、わたくしには気になる。

井上内親王については亡くなって二年後、宝亀八年十二月二十八日に改葬が命じられ（改葬が行われたのは翌九年正月二十日）、「御墓」と称して他と区別し墓守が置かれている。『続日本紀』によれば、三日前の二十五日、当時皇太子であった山部親王が病気で臥せっているから、病気の原因が井上の祟りと考えられたようだ。しかし山部の病状は回復せず、翌年〈宝亀九年〈七七八〉〉、元日朝賀の儀式が中止されている。これが光仁天皇時代のことである。

山部の病状回復とともに、井上内親王の霊がその後ことさら慰撫されることはなかったが、桓武天皇の延暦十九年(八〇〇)七月二十三日、早良親王が崇道天皇と追尊された時、桓武は井上についても皇后と追復し、墓を山陵とすることとしている。陵(山陵)とは天皇・皇后など皇族の墓のことで、これによって井上の復権がなされたのであった。それだけではない、三日後の二十六日には早良の墓に墓守が置かれたのに伴い井上の墓にも墓守が置かれ、二十八日、早良には追尊のことを、井上には復位のことをそれぞれ奉告している。延暦十九年以降、桓武は早良を慰撫すれば必ず井上の霊にも謝しているのが印象的である。それは、桓武が重態に陥った時、早良のために常隆寺を建てるいっぽうで、井上についても霊安寺に小倉を造って稲の他、調の綿・庸の綿を収めて「神霊の怨魂」を慰めさせている(『日本後紀』延暦二十四年二月六日条)ことからも知られよう。

霊安寺は現奈良県五條市にあった寺で、廃后・廃太子された井上と他戸が幽閉された大和国宇智郡の没官宅の跡といわれている。建立された時期は明らかでないが、先の小倉は、これ以前に存在していた霊安寺の傍らに建てられ、井上の霊に鎮謝したのであった。

晩年の桓武にとって、早良の霊も井上の霊も区別なく鎮撫すべき対象であった。「神霊の怨魂」を鎮撫するとあるが、そこには怨霊への恐怖といったものは感じられない。繰り返しいうように、最期を悟った桓武が自分で後始末をしたということである。

ただ、ここで見逃していけないのは他戸親王に対する慰撫が一切見られないことである。先の霊安寺についても、井上・他戸の二人の霊を慰めるために建立されたと伝えられてはいるが、それを示す資料があるわけではない。あくまでも、没官宅の跡地(二人はその没官宅に幽閉された)ということから、後世に伝承化されたものであって、他戸に対する鎮謝の意識は、光仁にも桓武にも皆無であったと考える。

正史には、井上内親王の霊が幾度となく鎮撫されているのに比して、他戸親王の霊に対する記載がまったくないのが、何よりの証左である。他戸が復権された形跡はなく、桓武の寵臣、藤原内麻呂の薨伝(弘仁三年〈八一二〉十月三日条)においても、「庶人(しょじん)他戸、皇太子為(た)りし時」と記され、一般庶民として扱われていることが端的に示している。なぜか。理由は明らかである。皇太子他戸の復権は、桓武にとって自らの立場を否定することになる。繰り返すまでもなく、桓武は他戸が廃太子(否定)された結果、立太子・即位したからである。復権は皇位継承における他戸の正統性の容認であり、桓武にとっては到底承服できるものではなかった。

考えてみれば、他戸こそが桓武にとって祟りをもたらすべき存在であり、桓武が慰撫すべき対象であったろう。そうした他戸の怨霊を井上にすり替え、井上に鎮謝することで他戸の怨霊をも消除しようとしたところに、桓武の本音がうかがえる。ここに、怨霊を恐れない桓武の姿をみることができよう。

崩御

延暦二十五年(八〇六)三月十七日、桓武は正寝(御座所)で崩御した。七十年の生涯であった。なすべき事をし終えた天皇に悔いはなかったろう。その意味で、桓武は最後まで政治人間であったと思う。「当年の費といえども、後世の頼とす」、すなわち造都・軍事による出費は多かったが、万世の基礎を築いた天皇であるという『日本後紀』の桓武評は、言い得て妙である(四月七日条)。

ちなみに父の死に遭った皇太子安殿親王は、「哀号擗踊(手足をバタバタさせ、激しく泣き悲しむこと)」のあまり「迷いて起」てず、坂上田村麻呂らに扶けられてやっと退下したが、それからの一週間というもの、粥以外は食べなかったという。そのとき三十三歳であったことを考えると、安殿の激情的な性格の一端がうかがわれる。そのあたりが、桓武にとって将来を不安がらせた一因で、安殿の弟神野親王(のちの嵯峨天皇)を桓武は愛するようになったのかも知れない(『日本紀略』)。安殿に対する不安感から、自分一代でケリをつけておきたかったという心理も働いていたのではなかろうか。『日本後紀』は、この日「東宮の寝殿の上」に血が飛び散っていたと記している(三月十七日)。真偽のほどは定かでないが、安殿に対する人々の不安が暗示されている。

なお一つ付け加えておきたいのは、没する二ヵ月前のこと(正月二十六日)、桓武は勅を下して、災害を除去して福をもたらすには仏教がもっとも優れている、朕は仏教を盛んにして人びとに利益をもたらしたいと述べていることである。これより二十日ほど前（正月三日）、最澄から、南都六宗に与えられている年分度者（ねんぶんどしゃ）に天台宗を加えてほしいとの要請をうけ、それに応えた中に見える言葉である。最澄は前年、唐から帰国したばかりであったが、天台宗を極めたいという最澄の入唐を許可したのは桓武であり、その意味で最後まで最澄の外護者となったのが、桓武であった。それにしても、仏教に対する桓武の認識が知られて興味深い。それは、これまでの天皇と変わるものではなかったが、かつてその仏教の加護を最大限に期待したのが聖武であり、大仏造立であった。桓武の言葉には、そうした聖武に対する思いが重ねあわされているとしか、思えない。天台宗はこの日の桓武の勅許によって、南都六宗とならぶ宗教として公認されたのである。そして、これが桓武の行った最後の政務となった。

桓武の遺骸は翌日、中納言藤原内麻呂らによって棺に納められた。納棺をした者たちの中に五百枝王も加わっていたのである。加えられたのは、桓武の指示によるものであった。そうすることで、桓武は五百枝王との関係を修復したかったものと、わたくしは見たい。

山陵の地は「山城国葛野郡の宇太野（うだの）」（『日本後紀』延暦二十五年三月十九日条）と定められた。いまの京都市右京区宇多野あたりで、内裏のほぼ西方である。平安京造営に生涯を費やした天皇に、ふさわしい場所であった。ところがこの日、「西北の西山」に火災があったのを皮切りに、火事や怪事など異変が次々と起こった。山陵地が賀茂神に近いので、大神が祟ったといわれ、「紀伊郡の柏原山陵」に葬地が変更された。いまの伏見区桃山で、四月七日に埋葬されている。さすがの桓武も、賀茂神の祟りには勝てなかったということか。ちなみに『類聚国史』(十月二日条)には、天下諸国に、「今月十一日」をもって「素服(喪服)・挙哀(慟哭)」させることにした、桓武天皇を「改葬すればなり」、と見える。この日、柏原山陵から再び改葬されたと理解しがちであるが、宇太野から柏原山陵への埋葬変更を「改葬」と表記したもので、諸国に対して十月十一日から諒闇に入るようにと通達したのである。

諡号

桓武に「日本根子皇統弥照尊」という諡(和風諡号)が贈られたのは四月一日のことである。「皇統をいよいよ照らす、盛んにする」との意であるが、父光仁天皇の和風諡号である「天宗高紹天皇」(「皇位の正統を継いでいる天皇」との意)と対比すると、桓武の立場がよく理解できる。すなわち擬制的であるにせよ、天武系を継承した光仁の皇統が、桓武によって盤石になったことを高らかに歌い上げたものだった。ちなみに「桓武」という諡(漢風諡号)がいつ贈られたかは、明らかでない。『詩経』の文言(「桓々たり武王」)から取られたとの説もあるが(村尾次郎『桓武天皇』)、これも根拠があるわけではない。それよりも、わたくしは天武―文武―聖武と継承されてきた「武」を諡号に踏襲していることを重視したい。天武系を受け継いだ桓武の意志が反映されている、とわたくしは考える。

桓武の柏原山陵は広大な陵域を誇ったようであるが、その後放置されるままに荒れ果て、文永十一年（一二七四）に盗掘されて以後は場所すらはっきりしなかったようだ。豊臣秀吉が近辺に伏見城を築いたのは文禄三年（一五九四）のことであるが、この頃にはすっかり忘れさられてしまっていた。こんにちの桓武天皇陵は明治十三年（一八八〇）、国学者の谷森善臣によって考証がなされたものである。

文献

＊紙数の関係で単行本に限り、それも最小限に留めている。論文・発掘調査報告書・図録などについても割愛せざるをえなかったものが少なくない。あわせて、お許しをいただきたい。

引用文献

網　伸也『平安京造営と古代律令国家』塙書房、二〇一一年
井上満郎『桓武天皇』ミネルヴァ書房、二〇〇六年
大坪秀敏『百済王氏と古代日本』雄山閣、二〇〇八年
坂本太郎『六国史』吉川弘文館、一九九四年
瀧川政次郎『京制並に都城制の研究』角川書店、一九六七年
瀧浪貞子『日本古代宮廷社会の研究』思文閣出版、一九九一年
――――『女性天皇』集英社新書、二〇〇四年
――――『持統天皇』中公新書、二〇一九年
――――『聖武天皇』法蔵館文庫、二〇二二年
西本昌弘『早良親王』吉川弘文館、二〇一九年
村尾次郎『桓武天皇』吉川弘文館、一九六三年

目崎徳衛『平安文化史論』桜楓社、一九六八年

参考文献

井上幸治著、平安神宮編『桓武天皇と平安京』桓武天皇千二百年記念大祭特別委員会、二〇一二年
川尻秋生『平安京遷都』岩波新書、二〇一一年
木本好信『奈良時代の政争と皇位継承』吉川弘文館、二〇一二年
——『藤原種継』ミネルヴァ書房、二〇一五年
京都市編『京都の歴史1 平安の新京』学芸書林、一九七〇年
工藤雅樹『蝦夷と東北古代史』吉川弘文館、一九九八年
小林　清『長岡京の新研究』比叡書房、一九七五年
笹山晴生『平安の朝廷』吉川弘文館、一九九三年
千田　稔『古代天皇誌』東方出版、二〇一六年
瀧浪貞子『平安建都』集英社、一九九一年
——『奈良朝の政変と道鏡』吉川弘文館、二〇一三年
林　陸朗『桓武朝論』雄山閣出版、一九九四年
村井康彦『日本の宮都』角川書店、一九七八年
吉川真司編『平安京』吉川弘文館、二〇〇二年

桓武天皇略年譜

（太字は桓武本人に関わる記事）

和暦	西暦	年齢	出来事	天皇
天平 9	737	1	1 藤原麻呂，持節大使となり陸奥国と出羽国の直路を開く．9 白壁王，従四位下．この年，疫病流行して藤原不比等の四子相次いで死亡．**山部王誕生**	聖武
天平 10	738	2	1 阿倍内親王立太子	
天平 12	740	4	9 藤原広嗣の乱．10 聖武天皇，東国行幸に出立	
天平 13	741	5	2 国分寺・国分尼寺建立の詔	
天平 15	743	7	5 墾田永年私財法発布．10 大仏造立の詔	
天平 17	745	9	5 聖武天皇，東国行幸から還御（平城還都）	
天平勝宝 1	749	13	7 聖武天皇譲位，孝謙天皇即位	孝謙
天平勝宝 2	750	14	この年，早良王誕生	
天平勝宝 4	752	16	4 東大寺大仏開眼供養	
天平勝宝 8	756	20	5 聖武太上天皇崩御．道祖王立太子	
天平宝字 1	757	21	3 道祖王廃太子．4 大炊王立太子．5 白壁王，正四位下	
天平宝字 2	758	22	8 孝謙天皇譲位，淳仁天皇即位．白壁王，正四位上	淳仁
天平宝字 3	759	23	6 白壁王，従三位．9 桃生城・雄勝城が完成	
天平宝字 6	762	26	6 孝謙太上天皇が人事・軍事を掌握．12 白壁王，中納言	
天平宝字 8	764	28	9 白壁王，正三位．恵美押勝（藤原仲麻呂）の乱．道鏡，大臣禅師となる．**10 従五位下**．淳仁天皇廃位，孝謙太上天皇重祚（称徳天皇）	称徳

桓武天皇略年譜

和暦	西暦	年齢	出来事	天皇
天平神護 1	765	29	1 白壁王，勲二等．閏 10 道鏡，太政大臣禅師となる．11 白壁王，大納言	称徳
天平神護 2	766	30	10 道鏡，法王となる．11 従五位上，大学頭	
神護景雲 3	769	33	9 宇佐八幡宮神託事件．和気清麻呂，配流	
宝亀 1	770	34	8 称徳天皇崩御．道鏡，配流．白壁王立太子．従四位下，侍従．10 光仁天皇即位．11 親王宣下．井上内親王，皇后となる	光仁
宝亀 2	771	35	1 他戸親王立太子．3 和気清麻呂，本位に復す．中務卿	
宝亀 3	772	36	3 井上内親王廃后．5 他戸親王廃太子	
宝亀 4	773	37	1 立太子	
宝亀 5	774	38	7 陸奥国で蝦夷が反乱．この年，安殿王誕生	
宝亀 6	775	39	4 井上内親王，他戸親王没	
宝亀 8	777	12	諸社に奉幣	
宝亀 9	778	42	1 井上内親王の墓を改葬．3 病気平癒を祈願して大赦．淳仁廃帝の墓を山陵とする．10 伊勢神宮参拝	
宝亀 10	779	43	7 藤原百川没	
天応 1	781	45	2 能登内親王没．4 光仁天皇譲位．即位．早良親王立太子．高野新笠，皇太夫人となる．12 光仁天皇崩御	
延暦 1	782	46	1 光仁天皇を広岡山陵に埋葬．閏 1 氷上川継の謀反計画発覚．3 三方王，配流．4 造宮省などを廃止	
延暦 3	784	48	5 藤原小黒麻呂・種継らに山背国長岡村の地相調査を命じる．6 藤原種継，造長岡宮使となる．長岡宮の工事を開始．11 長岡宮に遷る(長岡遷都)	

和暦	西暦	年齢	出来事
延暦4	785	49	1 長岡宮大極殿において朝賀．7 造宮役夫を動員．8 平城宮に行幸．大伴家持没．9 藤原種継暗殺．早良親王廃太子．10 天智陵などに早良廃太子を奉告．早良，淡路国に移送中に没．11 交野に天神を祀る．安殿親王立太子
延暦5	786	50	1 近江国に梵釈寺を建立．10 光仁天皇を田原東陵に改葬．この年，神野親王(嵯峨天皇)・大伴親王(淳和天皇)誕生
延暦6	787	51	10 交野に行幸，百済王氏に叙位．11 交野に天神を祀る
延暦7	788	52	1 皇太子安殿，元服．3 諸国より兵を多賀城に動員．5 夫人藤原旅子没．7 紀古佐美，征東大使となる
延暦8	789	53	3 造東大寺司を廃す．6 蝦夷征討軍敗れる．12 高野新笠没
延暦9	790	54	1 高野新笠を大枝山陵に埋葬．2 百済王氏に叙位．閏3 蝦夷征討の準備再開．皇后藤原乙牟漏没．9 安殿親王が発病．12 和乙継・土師真妹に正一位追贈．真妹に大枝朝臣を賜姓
延暦10	791	55	3 删定律令24条を施行．7 大伴弟麻呂が征東大使，坂上田村麻呂が副使となる．9 平城宮の諸門を長岡宮に移築
延暦11	792	56	6 占いに皇太子安殿の病が早良親王の祟りと出る．健児制を布く．閏11 新弾例83条を施行．この年の6月，8月に洪水
延暦12	793	57	1 藤原小黒麻呂らに山背国宇太村の地相調査を命じる．造平安宮使を任命．2 征東使を征夷使に改める．3 葛野行幸，新京巡覧．遷都を伊勢大神宮・山陵に奉告．9 新京の宅地を班給
延暦13	794	58	6 坂上田村麻呂，蝦夷を制圧する．10 新京に遷る(平安遷都)．蝦夷征討軍，勝利を報告．11 山背国を山城国に，近江国の古津を大津に改める

桓武天皇略年譜

和暦	西暦	年齢	出来事
延暦 15	796	60	1 新大極殿において朝賀を受ける
延暦 16	797	61	2『続日本紀』完成．11 坂上田村麻呂，征夷大将軍となる
延暦 18	799	63	2 大伴是成らを淡路に派遣，早良の霊に奉謝．和気清麻呂没
延暦 19	800	64	7 早良親王に崇道天皇の尊号を追贈，井上内親王の皇后位を復す．11 坂上田村麻呂，諸国の夷俘を検校
延暦 20	801	65	9 坂上田村麻呂から戦勝報告
延暦 21	802	66	1 坂上田村麻呂が胆沢城を築く．4 阿弖流為ら降伏
延暦 22	803	67	3 坂上田村麻呂が志波城を築く．5 遣唐使出発するも遭難
延暦 23	804	68	1 坂上田村麻呂，征夷大将軍に再任．7 遣唐使再出発．最澄・空海らが入唐．10 紀伊国行幸．12 不予
延暦 24	805	69	4 皇太子安殿らを召して後事を託す．6 最澄帰国．12 軍事と造作を停廃(徳政相論)
延暦 25 (大同 1)	806	70	1 不予．3 氷上川継事件および藤原種継暗殺事件関係者の罪を許す．崩御．葛野郡宇太野を山陵地と定める．4 紀伊郡柏原山陵に埋葬される．5 平城天皇即位．神野親王立太子．8 空海帰国．

瀧浪貞子

1947年大阪府生まれ．京都女子大学大学院修士課程修了．文学博士(筑波大学)．京都女子大学名誉教授
専攻—日本古代史
著書—『平安建都』(集英社)，『日本古代宮廷社会の研究』，『宮城図・解説』(共著)(ともに思文閣出版)，『最後の女帝 孝謙天皇』，『奈良朝の政変と道鏡』，『古代を考える 平安の都』(共著)，『源氏物語を読む』(編著)(以上，吉川弘文館)，『女性天皇』(集英社新書)，『王朝文学と斎宮・斎院』(共著，竹林舎)，『藤原良房・基経』(ミネルヴァ書房)，『聖武天皇・光明皇后』(奈良県)，『光明皇后』，『持統天皇』(ともに中公新書)，『聖武天皇』(法蔵館文庫)，ほか

桓武天皇—決断する君主　　岩波新書(新赤版)1983

2023年8月18日　第1刷発行

著　者　瀧浪貞子(たきなみさだこ)

発行者　坂本政謙

発行所　株式会社 岩波書店
〒101-8002 東京都千代田区一ツ橋2-5-5
案内 03-5210-4000　営業部 03-5210-4111
https://www.iwanami.co.jp/

新書編集部 03-5210-4054
https://www.iwanami.co.jp/sin/

印刷・三陽社　カバー・半七印刷　製本・中永製本

ISBN 978-4-00-431983-2　　Printed in Japan

岩波新書新赤版一〇〇〇点に際して

ひとつの時代が終わったと言われて久しい。だが、その先にいかなる時代を展望するのか、私たちはその輪郭すら描きえていない。二〇世紀から持ち越した課題の多くは、未だ解決の緒を見つけることのできないままであり、二一世紀が新たに招きよせた問題も少なくない。グローバル資本主義の浸透、憎悪の連鎖、暴力の応酬——世界は混沌として深い不安の只中にある。

現代社会においては変化が常態となり、速さと新しさに絶対的な価値が与えられた。消費社会の深化と情報技術の革命は、種々の境界を無くし、人々の生活やコミュニケーションの様式を根底から変容させてきた。ライフスタイルは多様化し、一面では個人の生き方をそれぞれが選びとる時代が始まっている。同時に、新たな格差が生まれ、様々な次元での亀裂や分断が深まっている。社会や歴史に対する意識が揺らぎ、普遍的な理念に対する根本的な懐疑や、現実を変えることへの無力感がひそかに根を張りつつある。そして生きることに誰もが困難を覚える時代が到来している。

しかし、日常生活のそれぞれの場で、自由と民主主義を獲得し実践することを通じて、私たち自身がそうした閉塞を乗り超え、希望の時代の幕開けを告げてゆくことは不可能ではあるまい。そのために、いま求められていること——それは、個と個の間で開かれた対話を積み重ねながら、人間らしく生きることの条件について一人ひとりが粘り強く思考することではないか。その営みの糧となるものが、教養に外ならないと私たちは考える。歴史とは何か、よく生きるとはいかなることか、世界そして人間はどこへ向かうべきなのか——こうした根源的な問いとの格闘が、文化と知の厚みを作り出し、個人と社会を支える基盤としての教養となった。まさにそのような教養への道案内こそ、岩波新書が創刊以来、追求してきたことである。

岩波新書は、日中戦争下の一九三八年一一月に赤版として創刊された。創刊の辞は、道義の精神に則らない日本の行動を憂慮し、批判的精神と良心的行動の欠如を戒めつつ、現代人の現代的教養を刊行の目的とする、と謳っている。以後、青版、黄版、新赤版と装いを改めながら、合計二五〇〇点余りを世に問うてきた。そして、いままた新赤版が一〇〇〇点を迎えたのを機に、人間の理性と良心への信頼を再確認し、それに裏打ちされた文化を培っていく決意を込めて、新しい装丁のもとに再出発したいと思う。一冊一冊から吹き出す新風が一人でも多くの読者の許に届くこと、そして希望ある時代への想像力を豊かにかき立てることを切に願う。

（二〇〇六年四月）